AF555600

I FIORETTI DI SAN FRANCESCO D'ASSISI

ABBIAMO RIPRODOTTA L'EDIZIONE CURATA DA P. BENVENUTO BUGHETTI, 1926

INDICE

I FIORETTI DI SAN FRANCESCO

VITA BREVE DI SAN FRANCESCO

I FIORETTI DI SAN FRANCESCO

1

Al nome del nostro Signore Gesù Cristo crocifisso e della sua Madre Vergine Maria. In questo libro si contengono certi fioretti miracoli ed esempi divoti del glorioso poverello di Cristo messer santo Francesco e d'alquanti suoi santi compagni. A laude di Gesù Cristo. Amen.

In prima è da considerare che 'l glorioso messere santo Francesco in tutti gli atti della vita sua fu conforme a Cristo benedetto: ché come Cristo nel principio della sua predicazione elesse dodici Apostoli a dispregiare ogni cosa mondana, a seguitare lui in povertà e nell'altre virtù; così santo Francesco elesse dal principio del fondamento dell'Ordine dodici compagni possessori dell'altissima povertà. E come un de' dodici Apostoli, il quale si chiamò Iuda Scariotto, apostatò dello apostolato, tradendo Cristo, e impiccossi se medesimo per la gola: così uno de' dodici compagni di santo Francesco, ch'ebbe nome frate Giovanni dalla Cappella, apostatò e finalmente s'impiccò se medesimo per la gola. E questo agli eletti è grande esempio e materia di umiltà e di timore, considerando che nessuno è certo perseverare infino alla fine nella grazia di Dio. E come que' santi Apostoli furono a tutto il mondo maravigliosi di santità e d'umiltà, e pieni dello Spirito Santo; così que' santi compagni di santo Francesco furono uomini di tanta santità, che dal tempo degli Apostoli in qua il mondo non ebbe così maravigliosi e santi uomini: imperò ch'alcuno di loro fu ratto infino al terzo Cielo come Santo Paulo, e questo fu frate Egidio; alcuno di loro, cioè fra Filippo Lungo, fu toccato le labbra dall'Agnolo col carbone del fuoco come Isaia profeta, alcuno di loro, ciò fu frate Silvestro, che parlava con Dio come l'uno amico coll'altro, a modo che fece Moisè; alcuno volava per sottilità d'intelletto infino alla luce della divina sapienza come l'aquila, cioè Giovanni evangelista, e questo fu frate Bernardo umilissimo il quale profondissimamente esponea la Scrittura santa: alcuno di loro fu santificato da Dio e canonizzato in Cielo vivendo egli ancora nel mondo, e questo fu frate Ruffino gentile uomo d'Ascesi; e così furono tutti privilegiari di singolare segno di santità, siccome nel processo si dichiara.

2

Di frate Bernardo da Quintavalle primo compagno di santo Francesco.

Il primo compagno di santo Francesco si fu frate Bernardo d'Ascesi, il quale si convertì a questo modo: che essendo Francesco ancora in abito secolare, benché già esso avesse disprezzato il mondo e andando tutto dispetto e mortificato per la penitenza intanto che da molti era reputato stolto, e come era schernito e scacciato con pietre e con fastidio fangoso dalli parenti e dalli strani ed egli in ogni ingiuria e ischerno passandosi paziente come sordo e muto; messere Bernardo d'Ascesi, il quale era de' più nobili e de' più savi della città, cominciò a considerare saviamente in santo Francesco il così eccessivo dispregio del mondo, la grande pazienza nelle ingiurie, che già per due anni così abbominato e disprezzato da ogni persona sempre parea più costante e paziente, cominciò a pensare e a dire fra sé medesimo: Per nessuno modo puote che questo Francesco non abbia grande grazia di Dio. E sì lo invitò la sera a cena e albergo; e santo Francesco accettò e cenò la sera con lui e albergò.

E allora, cioè messere Bernardo, si puose in cuore di contemplare la sua santità: ond'egli gli fece apparecchiare un letto nella sua camera propria nella quale di notte sempre ardea una lampana. E santo Francesco, per celare la santità sua immantanente come fu entrato in camera si gittò in sul letto e fece vista di dormire, e messere Bernardo similmente, dopo alcuno spazio, si puose a giaciere, e incominciò a russare forte a modo come se dormisse molto profondamente. Di che santo Francesco, credendo veramente che messere Bernardo dormisse, in sul primo sonno si levò dal letto e puosesi in orazione, levando gli occhi e le mani al cielo, e con grandissima divozione e fervore diceva: "Iddio mio, Iddio mio", e così dicendo e forte lagrimando istette infino al mattutino, sempre ripetendo: "Iddio mio, Iddio mio", e non altro. E questo dicea santo Francesco contemplando e ammirando la eccellenza della divina Maestà, la quale degnava di condescendere al mondo che periva, e per lo suo Francesco poverello disponea di porre rimedio di salute dell'anima sua e degli altri; e però alluminato di Spirito Santo, ovvero di spirito profetico, prevedendo le grandi cose che Iddio doveva fare mediante lui e l'Ordine suo, e considerando la sua insufficienza e poca virtù, chiamava e pregava Iddio, che colla sua pietà e onnipotenza, senza la quale niente può l'umana fragilità, supplesse, aiutasse e compiesse quello per sé non potea. Veggendo messere Bernardo per lo lume della lampana gli atti divotissimi di santo Francesco, e considerando divotamente le parole che dicea, fu toccato e ispirato dallo Spirito Santo a mutare la vita sua.

Di che, fatta la mattina, chiamò santo Francesco e disse così: "Frate Francesco, io ho al tutto disposto nel cuore mio d'abbandonare il mondo e seguitare te in ciò che tu mi comanderai". Udendo questo, santo Francesco si rallegrò in ispirito e disse così: "Messere Bernardo, questo che voi dite è opera sì grande e malagevole, che di ciò si vuole richiedere consiglio al nostro Signore Gesù Cristo e pregarlo che gli piaccia di mostrarci sopra a ciò la sua volontà ed insegnarci come questo noi possiamo mettere in esecuzione. E però andiamo insieme al vescovado dov'è un buono prete, e faremo dire la messa e poi staremo in orazione infino a terza, pregando Iddio che 'nfino alle tre apriture del messale ci dimostri la via ch'a lui piace che noi eleggiamo". Rispuose messere Bernardo che questo molto gli piacea; di che allora si mossono e andarono al vescovado. E poi ch'ebbono udita la messa e istati in orazione insino a terza, il prete a' preghi di santo Francesco, preso il messale e fatto il segno della santissima croce, si lo aperse nel nome del nostro Signore Gesù Cristo tre volte: e nella prima apritura occorse quella parola che disse Cristo nel Vangelo al giovane che domandò della via della perfezione: *Se tu vuogli essere perfetto, va' e vendi ciò che tu hai e da' a' poveri e seguita me.* Nella seconda apritura occorse quella parola che disse Cristo agli Apostoli, quando li mandò a predicare: *Non portate nessuna cosa per via, né bastone né tasca, né calzamenti né danari;* volendo per questo ammaestrarii che tutta la loro isperanza del vivere dovessono portare in Dio, ed avere tutta la loro intenzione a predicare il santo Vangelo. Nella terza apritura del messale occorse quella parola che Cristo disse: *Chi vuole venire dopo me, abbandoni se medesimo, e tolga la croce sua e seguiti me.* Allora disse santo Francesco a messere Bernardo: "Ecco il consiglio che Cristo ci dà: va' adunque e fa' compiutamente quello che tu hai udito; e sia benedetto il nostro Signore Gesù Cristo, il quale ha degnato di mostrarci la sua vita evangelica". Udito questo, si partì messere Bernardo, e vendé ciò ch'egli avea (ed era molto ricco), e con grande allegrezza distribuì ogni cosa a' poveri, a vedove; a orfani, a prigioni, a monisterii e a spedali; e in ogni cosa santo Francesco fedelmente e providamente l'aiutava.

E vedendo uno, ch'avea nome messere Salvestro, che

santo Francesco dava tanti danari a poveri e facea dare, stretto d'avarizia disse a santo Francesco: "Tu non mi pagasti interamente di quelle pietre che tu comperasti da me per racconciare la chiesa, e però, ora che tu hai danari, pagami". Allora santo Francesco, maravigliandosi della sua avarizia e non volendo contendere con lui, siccome vero osservatore del santo Vangelo, mise le mani in grembo di messere Bernardo, e piene le mani di danari, li mise in grembo di messere Salvestro, dicendo che se più ne volesse, più gliene darebbe. Contento messere Salvestro di quelli, si partì e tornossi a casa; e la sera, ripensando di quello ch'egli aveva fatto il dì, e riprendendosi della sua avarizia, considerando il fervore di messere Bernardo e la santità di santo Francesco, la notte seguente e due altre notti ebbe da Dio una cotale visione, che della bocca di santo Francesco usciva una croce d'oro, la cui sommità toccava il cielo, e le braccia si distendevano dall'oriente infino all'occidente. Per questa visione egli diede per Dio ciò ch'egli avea, e fecesi frate Minore, e fu nell'Ordine di tanta santità e grazia, che parlava con Dio, come fa l'uno amico con l'altro, secondo che santo Francesco più volte provò, e più giù si dichiarerà.

Messere Bernardo similmente si ebbe tanta grazia di Dio, ch'egli spesso era ratto in contemplazione a Dio; e santo Francesco dicea di lui ch'egli era degno di ogni reverenza e ch'egli avea fondato quest'Ordine; imperò ch'egli era il primo che avea abbandonato il mondo, non riserbandosi nulla, ma dando ogni cosa a' poveri di Cristo, e cominciata la povertà evangelica, offerendo sé ignudo nelle braccia del Crocifisso.

Il quale sia da noi benedetto in saecula saeculorum. Amen.

3

Come per mala cogitazione che santo Francesco ebbe contro a frate Bernardo, comandò al detto frate Bernardo che tre volte gli andasse co' piedi in sulla gola e in sulla bocca.

Il devotissimo servo del Crocifisso messer santo Francesco, per l'asprezza della penitenza e continuo piagnere, era diventato quasi cieco e poco vedea. Una volta tra l'altre si partì del luogo dov'egli era e andò ad un luogo dov'era frate Bernardo, per parlare con lui delle cose divine; e giungendo al luogo, trovò ch'egli era nella selva in orazione tutto elevato e congiunto con Dio. Allora santo Francesco andò nella selva e chiamollo: "Vieni - disse - e parla a questo cieco". E frate Bernardo non gli rispuose niente imperò che essendo uomo di grande contemplazione avea la mente sospesa e levata a Dio; e però ch'egli avea singolare grazia in parlare di Dio, siccome santo Francesco più volte avea provato e pertanto desiderava di parlare con lui. Fatto alcuno intervallo, sì lo chiamò la seconda e la terza volta in quello medesimo modo: e nessuna volta frate Bernardo l'udì, e però non gli rispuose, né andò a lui. Di che santo Francesco si partì un poco isconsolato e maravigliandosi e rammaricandosi in se medesimo, che Frate Bernardo, chiamato tre volte, non era andato a lui.

Partendosi con questo pensiero, santo Francesco, quando fu un poco dilungato, disse al suo compagno: "Aspettami qui"; ed egli se ne andò ivi presso in uno luogo solitario, e gittossi in orazione pregando Iddio che gli rivelasse il perché frate Bernardo non gli rispuose. E stando così. gli venne una voce da Dio che disse così: "O povero omicciuolo, di che se' tu turbato? debbe l'uomo lasciare Iddio per la creatura? Frate Bernardo, quando tu lo chiamavi, era congiunto meco; e però non potea venire a te, né risponderti. Adunque non ti maravigliare, se non ti poté rispondere; però ch'egli era lì fuori di sé, che delle tue parole non udiva nulla". Avendo santo Francesco questa risposta da Dio, immantanente con grande fretta ritornò inverso frate Bernardo, per accusarglisi umilmente del pensiero ch'egli avea avuto inverso di lui.

E veggendolo venire inverso di sé, frate Bernardo gli si fece incontro e gittoglisi a piedi; e allora santo Francesco li fece levare suso e narrogli con grande umiltà il pensiero e la turbazione ch'avea avuto inverso di lui, e come di ciò Iddio gli avea risposto. Onde conchiuse così: · lo ti comando per santa ubbidienza, che tu faccia ciò ch'io ti comanderò". Temendo frate Bernardo che santo Francesco non gli comandasse qualche cosa eccessiva, come solea fare, volle onestamente ischifare a quella obbidienza, ond'egli rispuose così: "Io sono apparecchiato di fare la vostra ubbidienza, se voi mi promettete di fare quello ch'io comanderò a voi". E promettendoglielo santo Francesco, frate Bernardo disse: "Or dite, padre quello che voi volete ch'io faccia". Allora disse santo Francesco: "Io ti comando per santa ubbidienza che, per punire la mia prosunzione e l'ardire del mio cuore, ora ch'io mi gitterò in terra supino, mi ponga l'uno piede in sulla gola e l'altro in sulla bocca, e così mi passi tre volte e dall'uno lato all'altro, dicendomi vergogna e vitupero, e specialmente mi di': "Giaci, villano figliuolo di Pietro Bernardoni, onde ti viene tanta superbia, che se' vilissima creatura?". Udendo questo frate Bernardo, e benché molto gli fusse duro a farlo, pure per la ubbidienza santa, quanto poté il più cortesemente, adempié quello che santo Francesco gli aveva comandato. E fatto cotesto, disse santo Francesco: "Ora comanda tu a me ciò che tu vuoi ch'io ti faccia, però ch'io t'ho promesso obbidienza". Disse frate Bernardo: "lo ti comando per santa obbidienza ch'ogni volta che noi siamo insieme, tu mi riprenda e corregga de' miei difetti aspramente". Di che santo Francesco forte si maravigliò, però che frate Bernardo era di tanta santità, ch'egli l'avea in grande reverenza e non lo riputava riprensibile di cosa veruna. E però d'allora innanzi santo Francesco si guardava di stare molto con lui, per la detta obbidienza, acciò che non gli venisse detto alcuna parola di correzione verso di lui, il qual egli conoscea di tanta santità; ma quando avea voglia di vederlo ovvero di udirlo parlare di Dio, il più tosto che poteva si spacciava da lui e partivasi. Ed era una grandissima divozione a vedere con quanta carità, riverenza e umiltà santo Francesco padre si usava e parlava con frate Bernardo figliuolo primogenito.

A laude e gloria di Gesù Cristo e del poverello Francesco. Amen.

4

Come l'agnolo di Dio propuose una quistione a frat'Elia guardiano d'uno luogo di Val di Spoleto; e perché frat'Elia li rispuose superbiosamente si partì e andonne in cammino di santo Jacopo, dove trovò frate Bernardo e dissegli questa storia.

Al principio e fondamento dell'Ordine, quando erano pochi frati e non erano ancora presi i luoghi, santo Francesco per sua divozione andò a santo Jacopo di Galizia, e menò seco alquanti frati, fra li quali fu l'uno frate Bernardo. E andando così insieme per lo cammino, trovò in una terra un poverello infermo, al quale avendo compassione, disse a frate Bernardo: "Figliuolo, io voglio che tu rimanghi qui a servire a questo infermo". E frate Bernardo, umilmente inginocchiandosi e inchinando il capo, ricevette la obbidienza del padre santo e rimase in quel luogo; e santo Francesco con gli altri compagni andarono a santo Jacopo. Essendo giunti là. e stando la notte in orazione nella chiesa di santo Jacopo, fu da Dio rivelato a santo Francesco ch'egli dovea prendere di molti luoghi per lo mondo, imperò che l'Ordine suo si dovea ampliare e crescere in grande moltitudine di frati. E in cotesta rivelazione cominciò santo Francesco a prendere luoghi in quelle contrade. E ritornando santo Francesco per la via di prima, ritrovò frate Bernardo, e lo infermo, con cui l'avea lasciato. perfettamente guarito; onde santo Francesco concedette l'anno seguente a frate Bernardo ch'egli andasse a santo Jacopo.

E così santo Francesco si ritornò nella Valle di Spuleto, e istavasi in uno luogo diserto egli e frate Masseo e frat'Elia e alcuni altri, i quali tutti si guardavano molto di noiare o storpiare santo Francesco della orazione, e ciò faceano per la grande reverenza che gli portavano e perché sapeano che Iddio gli rivelava grandi cose nelle sue orazioni. Avvenne un dì che, essendo santo Francesco in orazione nella selva, un giovane bello, apparecchiato a camminare venne alla porta del luogo, e picchiò sì in fretta e forte e per sì grande spazio, che i frati molto se ne maravigliarono di così disusato modo di picchiare. Andò frate Masseo e aperse la porta e disse a quello giovane: "Onde vieni tu, figliuolo, che non pare che tu ci fossi mai più, sì hai picchiato disusatamente?". Rispuose il giovane: "E come si dee picchiare?". Disse frate Masseo: "Picchia tre volte l'una dopo l'altra, di rado, poi t'aspetta tanto che 'l frate abbia detto il paternostro e vegna a te, e se in questo intervallo non viene, picchia un'altra volta". Rispuose il giovane: "Io ho gran fretta, e però picchio così forte, perciò ch'io ho a fare lungo viaggio, e qua son venuto per parlare a frate Francesco, ma egli sta ora nella selva in contemplazione, e però non lo voglio storpiare ma va', e mandami frat'Elia, che gli vo' fare una quistione, però ch'io intendo ch'egli è molto savio". Va frate Masseo, e dice a frat'Elia che vada a quello giovane. E frat'Elia se ne iscandalizza e non vi vuole andare; di che frate Masseo non sa che si fare, né che si rispondere a colui; imperò che se dicesse: frate Elia non può venire, mentiva; se dicea come era turbato e non vuol venire, si temea di dargli male esempio. E però che intanto frate

Masseo penava a tornare, il giovane picchiò un'altra volta come in prima; e poco stante tornò frate Masseo alla porta e disse al giovine: "Tu non hai osservato la mia dottrina nel picchiare". Rispuose il giovane: "Frate Elia non vuole venire a me; ma va' e di' a frate Francesco ch'io son venuto per parlare con lui; ma però ch'io non voglio impedire lui della orazione, digli che mandi a me frat'Elia". E allora frate Masseo, n'andò a santo Francesco il quale orava nella selva colla faccia levata al cielo, e dissegli tutta la imbasciata del giovane e la risposta di frat'Elia. E quel giovane era l'Agnolo di Dio in forma umana. Allora santo Francesco, non mutandosi del luogo né abbassando la faccia, disse a frate Masseo: "Va' e di' a frat'Elia che per obbidienza immantanente vada a quello giovane". Udendo frat'Elia l'ubbidienza di santo Francesco, andò alla porta molto turbato, e con grande empito e romore gli aperse e disse al giovane: "Che vuo' tu?". Rispuose il giovane: "Guarda, frate, che tu non sia turbato, come pari, però che l'ira impedisce l'animo e non lascia discernere il vero". Disse frat'Elia: "Dimmi quello che tu vuoi da me". Rispuose il giovane: "Io ti domando, se agli osservatori del santo Vangelo è licito di mangiare di ciò che gli è posto innanzi, secondo che Cristo disse a' suoi discepoli. E domandoti ancora, se a nessuno uomo è lecito di porre dinanzi alcuna cosa contraria alla libertà evangelica". Rispuose frat'Elia superbamente: "Io so bene questo, ma non ti voglio rispondere: va' per li fatti tuoi". Disse il giovane: "Io saprei meglio rispondere a questa quistione che tu". Allora frat'Elia turbato e con furia chiuse l'uscio e partissi. Poi cominciò a pensare della detta quistione e dubitarne fra sé medesimo; e non la sapea solvere. Imperò ch'egli era Vicario dell'Ordine, e avea ordinato e fatto costituzione, oltr'al Vangelo ed oltr'alla Regola di santo Francesco, che nessuno frate nell'Ordine mangiasse carne; sicché la detta quistione era espressamente contra di lui. Di che non sapendo dichiarare se medesimo, e considerando la modestia del giovane e che gli avea detto ch'e' saprebbe rispondere a quella quistione meglio di lui, ritorna alla porta e aprilla per domandare il giovane della predetta quistione, ma egli s'era già partito; imperò che la superbia di frat'Elia non era degna di parlare con l'Agnolo. Fatto questo, santo Francesco, al quale ogni cosa da Dio era stata rivelata, tornò dalla selva, e fortemente con alte voci riprese frat'Elia, dicendo: "Male fate, frat'Elia superbo, che cacciate da noi gli Agnoli santi, li quali ci vengono ammaestrare; io ti dico ch'io temo forte che la tua superbia non ti faccia finire fuori di quest'Ordine". E così gli addivenne poi, come santo Francesco gli predisse, però che e' morì fuori dell'Ordine.

Il dì medesimo, in quell'ora che quello Agnolo si partì, si apparì egli in quella medesima forma a frate Bernardo, il quale tornava da santo Jacopo ed era alla riva d'un grande fiume; e salutollo in suo linguaggio dicendo: "Iddio ti dia pace, o buono frate". E maravigliandosi forte il buono frate Bernardo e considerando la bellezza del giovane e la loquela della sua patria, colla salutazione pacifica e colla faccia lieta sì 'l dimandò: "Donde vieni tu, buono giovane?". Rispuose l'Agnolo: "Io vengo di cotale luogo dove dimora santo Francesco, e andai per parlare con lui e non ho potuto però ch'egli era nella selva a contemplare le cose divine, e io non l'ho voluto storpiare. E in quel luogo dimorano frate Masseo e frate Egidio e frat'Elia; e frate Masseo m'ha insegnato picchiare la porta a modo di frate. Ma frat'Elia, però che non mi volle rispondere della quistione ch'io gli propuosi, poi se ne pentì; e volle udirmi e vedermi, e non potè". Dopo queste parole disse l'Agnolo a frate Bernardo: "Perchè non passi tu di là?". Rispuose frate Bernardo: "Però ch'io temo del pericolo per la profondità dell'acqua ch'io veggio". Disse l'Agnolo: "Passiamo insieme; non dubitare". E prese la sua mano, e in uno batter d'occhio il puose dall'altra parte del fiume. Allora frate Bernardo conobbe ch'egli era l'Agnolo di Dio, e con grande reverenza e gaudio ad alta voce disse: "O Agnolo benedetto di Dio, dimmi qual è il nome tuo". Rispuose l'Agnolo: "Perché domandi tu del nome mio, il quale è maraviglioso?". E detto questo, l'Agnolo disparve e lasciò frate Bernardo molto consolato, in tanto che tutto quel cammino e' fece con allegrezza. E considerò il dì e l'ora che l'Agnolo gli era apparito; e giungendo al luogo dove era santo Francesco con li predetti compagni, recitò loro ordinatamente ogni cosa. E conobbono certamente che quel medesimo Agnolo, in quel dì e in quell'ora, era apparito a loro e a lui. E ringraziarono Iddio.

A laude di Gesù Cristo e del poverello Francesco. Amen.

5

Come il santo frate Bernardo d'Ascesi fu da santo Francesco mandato a Bologna, e là pres'egli luogo.

Imperò che santo Francesco e li suoi compagni erano da Dio chiamati ed eletti a portare col cuore e con l'operazioni, e a predicare con la lingua la croce di Cristo, egli pareano ed erano uomini crocifissi, quanto all'abito e quanto alla vita austera, e quanto agli atti e operazioni loro; e però disideravano più di sostenere vergogne e obbrobri per l'amore di Cristo, che onori del mondo o riverenze o lode vane; anzi delle ingiurie si rallegravano, e degli onori si contristavano. E così s'andavano per lo mondo come pellegrini e forestieri, non portando seco altro che Cristo crocifisso; e però ch'egli erano della vera vite, cioè Cristo, produceano grandi e buoni frutti delle anime, le quali guadagnavano a Dio.

Addivenne, nel principio della religione, che santo Francesco mandò frate Bernardo a Bologna, acciò che ivi, secondo la grazia che Iddio gli avea data, facesse frutto a Dio, e frate Bernardo facendosi il segno della santissima croce per la santa obbidienza, si partì e pervenne a Bologna. E vedendolo li fanciulli in abito disusato e vile, sì gli faceano molti scherni e molte ingiurie, come si farebbe a uno pazzo; e frate Bernardo pazientemente e allegramente sostenea ogni cosa per amore di Cristo. Anzi, acciò che meglio e' fusse istraziato, si puose istudiosamente nella piazza della città; onde sedendo ivi sì gli si radunarono d'intorno molti fanciulli e uomini, e chi gli tirava il cappuccio dirietro e chi dinanzi, chi gli gittava polvere e chi pietre, chi 'l sospingeva di qua e chi di là: e frate Bernardo, sempre d'uno modo e d'una pazienza, col volto lieto, non si rammaricava e non si mutava. E per più dì ritornò a quello medesimo luogo, pure per sostenere simiglianti cose. E però che la pazienza è opera di perfezione e pruova di virtù, uno savio dottore di legge, vedendo e considerando tanta costanza e virtù di frate Bernardo non potersi turbare in tanti dì per niuna molestia o ingiuria, disse fra se medesimo: "Impossibile è che costui non sia santo uomo". E appressandosi a lui sì 'l domandò: "Chi sei tu, e perché se' venuto qua?". E frate Bernardo per risposta si mise la mano in seno e trasse fuori la regola di santo Francesco, e diegliela che la leggesse. E letta ch'e' l'ebbe, considerando il suo altissimo stato di perfezione, con grandissimo stupore e ammirazione si rivolse a' compagni e disse: "Veramente questo è il più alto stato di religione ch'io udissi mai; e però costui co' suoi compagni sono de' più santi uomini di questo mondo, e fa grandissimo peccato chi gli fa ingiuria, il quale sì si vorrebbe sommamente onorare, conciò sia cosa ch'e' sia amico di Dio". E disse a frate Bernardo: "Se voi volete prendere luogo nel quale voi poteste acconciamente servire a Dio, io per salute dell'anima mia volentieri vel darei". Rispuose frate Bernardo: "Signore, io credo che questo v'abbia ispirato il nostro Signore Gesù Cristo, e però la vostra profferta io l'accetto volentieri a onore di Cristo". Allora il detto giudice con grande allegrezza e carità menò frate Bernardo a casa sua; e poi gli diede il luogo promesso, e tutto l'acconciò e compiette alle sue ispese; e d'allora innanzi diventò padre e speziale difensore di frate Bernardo e de' suoi compagni.

E frate Bernardo, per la sua santa conversazione, cominciò ad essere molto onorato dalle genti, in tanto che beato si tenea chi 'l potea toccare o vedere. Ma egli come vero discepolo di Cristo e dello umile Francesco, temendo che l'onore del mondo non impedisse la pace e la salute dell'anima sua, sì si partì un dì e tornò a santo Francesco e dissegli così: "Padre, il luogo è preso nella città di Bologna; mandavi de' frati che 'l mantegnino e che vi stieno, però ch'io non vi facevo più guadagno, anzi per lo troppo onore che mi vi era fatto, io temo non perdessi più ch'io non vi guadagnerei". Allora santo Francesco udendo ogni cosa per ordine, siccome Iddio avea adoperato per frate Bernardo, ringraziò Iddio, il quale così incominciava a dilatare i poverelli discepoli della croce; e allora mandò de' suoi compagni a Bologna e in Lombardia, li quali presono di molti luoghi in diverse partì.

A laude di Gesù Cristo e del poverello Francesco. Amen.

6

Come santo Francesco benedisse il santo frate Bernardo e lasciollo suo Vicario, quando egli venne a passare di questa vita.

Era frate Bernardo di tanta santità, che santo Francesco gli portava grande reverenza e spesse volte lo lodava. Essendo un dì santo Francesco e stando divotamente in orazione, sì gli fu rivelato da Dio che frate Bernardo per divina permissione doveva sostenere molte e diverse e pugnenti battaglie dalli demoni; di che santo Francesco, avendo grande compassione al detto frate Bernardo, il quale amava come suo figliuolo, molti dì orava con lagrime, pregando Iddio per lui e raccomandandolo a Gesù Cristo, che gli dovesse dare vittoria del demonio. E orando così santo Francesco divotamente, Iddio un dì sì gli rispuose: "Francesco, non temere, però che tutte le tentazioni dalle quali frate Bernardo deve essere combattuto, gli sono da Dio permesse a esercizio di virtù e corona di merito, e finalmente di tutti li nimici averà vittoria, però ch'egli è uno de' commensali del reame del Cielo". Della quale risposta santo Francesco ebbe grandissima allegrezza e ringraziò Iddio.

E da quell'ora innanzi gli portò sempre maggiore amore e riverenza.

E bene glielo mostrò non solamente in via sua, ma eziandio nella morte. Imperò che vegnendo santo Francesco a morte, a modo di quel santo patriarca Jacob, standogli d'intorno li divoti figliuoli addolorati e lagrimosi della partenza di così amabile padre, domandò: "Dov'è il mio primogenito? Vieni a me, figliuolo, acciò che ti benedica l'anima mia, prima ch'io muoia". Allora frate Bernardo dice a frat'Elia in segreto (il quale era Vicario dell'Ordine): "Padre, va' dalla mano diritta del santo, acciò che ti benedica". E ponendosi frate Elia dalla mano diritta, santo Francesco, il quale avea perduto il vedere per le troppe lagrime, puose la mano ritta sopra il capo di frat'Elia e disse: "Questo non è il capo del primogenito frate Bernardo". Allora frate Bernardo andò a lui dalla mano sinistra, e santo Francesco allora cancellò le braccia a modo di croce, e poi puose la mano diritta sopra 'l capo di frate Bernardo, e la manca sopra 'l capo del detto frat'Elia e disse: "Frate Bernardo, benedicati il Padre del nostro Signore Gesù Cristo in ogni benedizione spirituale e celestiale in Cristo, siccome tu se' il primogenito eletto in quest'Ordine santo a dare esempio evangelico, a seguitare Cristo nella evangelica povertà: imperò che non solamente tu desti il tuo e distribuisti interamente e liberamente alli poveri per lo amore di Cristo, ma eziandio te medesimo offeristi a Dio in quest'Ordine in sacrifizio di soavità. Benedetto sia tu adunque dal nostro Signore Gesù Cristo e da me poverello servo suo di benedizioni eterne, andando, stando, vegghiando e dormendo, e vivendo e morendo; e chi ti benedirà sia ripieno di benedizioni, chi ti maledicesse non rimarrà senza punizione. Sia il principale de' tuoi fratelli, e al tuo comandamento tutti li frati obbidiscano, abbi licenza di ricevere a questo Ordine chiunque tu vorrai, e nessuno frate abbia signoria sopra di te, e siati licito d'andare e di stare dovunque ti piace".

E dopo la morte di santo Francesco, i frati amavano e riverivano frate Bernardo come venerabile padre. E vegnendo egli a morte, vennono a lui molti frati di diverse partì del mondo; fra li quali venne quello ierarchico e divino frate Egidio, il quale veggendo frate Bernardo, con grande allegrezza disse: *"Sursum corda,* frate Bernardo, *sursum corda".* E frate Bernardo santo disse a uno frate segretamente che apparecchiasse a frate Egidio uno luogo atto a contemplazione, e così fu fatto.- Essendo frate Bernardo nella ultima ora della morte, si fece rizzare, e parlò a' frati che gli erano dinanzi, dicendo: "Carissimi fratelli, io non vi vo' dire molte parole, ma voi dovete considerare che lo stato della Religione ch'io ho avuto, voi avete, e questo ch'io ho ora, voi averete ancora. E truovo questo nell'anima mia, che per mille mondi eguali a questo io non vorrei non avere servito altro signore che nostro Signore Gesù Cristo. E d'ogni offesa che io ho fatta, m'accuso e rendo in colpa al mio Salvatore Gesù Cristo e a voi. Priegovi, fratelli miei carissimi, che voi v'amiate insieme". E dopo queste parole e altri buoni ammaestramenti riponendosi in sul letto, diventò la faccia sua isplendida e lieta oltremodo, di che tutti i frati forte si maravigliarono; e in quella letizia la sua anima santissima, coronata di gloria, passa della presente vita alla beata degli Agnoli.

A laude di Gesù Cristo e del poverello Francesco. Amen.

7

Come santo Francesco fece una Quaresima in una isola del lago di Perugia, dove digiunò quaranta dì e quaranta notti e non mangiò più che un mezzo pane.

Il verace servo di Cristo santo Francesco, però che in certe cose fu quasi un altro Cristo, dato al mondo per salute della gente, Iddio Padre il volle fare in molti atti conforme e simile al suo figliuolo Gesù Cristo, siccome ci dimostra nel venerabile collegio de' dodici compagni e nel mirabile misterio delle sacrate Istimmate e nel continuato digiuno della santa Quaresima, la qual'egli si fece in questo modo.

Essendo una volta santo Francesco il dì del carnasciale allato al lago di Perugia, in casa d'un suo divoto col quale era la notte albergato fu ispirato da Dio ch'egli andasse a fare quella Quaresima in una isola del lago. Di che santo Francesco pregò questo suo divoto, che per amor di Cristo lo portasse colla sua navicella in una isola del lago dove non abitasse persona, e questo facesse la notte del dì della Cenere, sì che persona non se ne avvedesse. E costui, per l'amore della grande divozione ch'aveva a santo Francesco, sollecitamente adempiette il suo priego e portollo alla detta isola; e santo Francesco non portò seco se non due panetti. Ed essendo giunto nell'isola, e l'amico partendosi per tornare a casa, santo Francesco il pregò caramente che non rivelasse a persona come fosse ivi, ed egli non venisse per lui se non il Giovedì santo. E così si partì colui, e santo Francesco rimase solo.

E non essendovi nessuna abitazione nella quale si potesse riducere, entrò in una siepe molto folta, la quale molti pruni e arbuscelli aveano acconcio a modo d'uno covacciolo ovvero d'una capannetta, e in questo cotale luogo si puose in orazione e a contemplare le cose celestiali. E ivi stette tutta la Quaresima senza mangiare e senza bere, altro che la metà d'un di quelli panetti, secondo che trovò il suo divoto il Giovedì santo, quando tornò a lui; il quale trovò di due panetti uno intero e mezzo, e l'altro mezzo si crede che santo Francesco mangiasse per reverenza del digiuno di Cristo benedetto, il quale digiunò quaranta dì e quaranta notti senza pigliare nessuno cibo materiale. E così con quel mezzo pane cacciò da sé il veleno della vanagloria, e ad esempio di Cristo digiunò quaranta di e quaranta notti.

Poi in quello luogo, ove santo Francesco avea fatta così maravigliosa astinenza, fece Iddio molti miracoli per li suoi meriti; per la qual cosa cominciarono gli uomini a edificarvi delle case e abitarvi; e in poco tempo si fece un castello buono e grande, ed èvvi il luogo de' frati, che si chiama il luogo dell'Isola; e ancora gli uomini e le donne di quello castello hanno grande reverenza e devozione in quello luogo dove santo Francesco fece la detta Quaresima.

A laude di Gesù Cristo e del poverello Francesco. Amen.

8

Come andando per cammino santo Francesco e frate Leone, gli spuose quelle cose che sono perfetta letizia.

Venendo una volta santo Francesco da Perugia a Santa Maria degli Angioli con frate Lione a tempo di verno, e 'l freddo grandissimo fortemente il crucciava, chiamò frate Lione il quale andava innanzi, e disse così: "Frate Lione, avvegnadioché li frati Minori in ogni terra dieno grande esempio di santità e di buona edificazione nientedimeno scrivi e nota diligentemente che non è quivi perfetta letizia". E andando più oltre santo Francesco, il chiamò la seconda volta: "O frate Lione, benché il frate Minore allumini li ciechi e distenda gli attratti, iscacci le dimonia, renda l'udir alli sordi e l'andare alli zoppi, il parlare alli mutoli e, ch'è maggior cosa, risusciti li morti di quattro dì; iscrivi che non è in ciò perfetta letizia". E andando un poco, santo Francesco grida forte: "O frate Lione, se 'l frate Minore sapesse tutte le lingue e tutte le scienze e tutte le scritture, sì che sapesse profetare e rivelare, non solamente le cose future, ma eziandio li segreti delle coscienze e delli uomini; iscrivi che non è in ciò perfetta letizia". Andando un poco più oltre, santo Francesco chiamava ancora forte: "O frate Lione, pecorella di Dio, benché il frate Minore parli con lingua d'Agnolo, e sappia i corsi delle istelle e le virtù delle erbe, e fussongli rivelati tutti li tesori della terra, e conoscesse le virtù degli uccelli e de' pesci e di tutti gli animali e delle pietre e delle acque; iscrivi che non è in ciò perfetta letizia". E andando ancora un pezzo, santo Francesco chiamò forte: "O frate Lione, benché 'l frate Minore sapesse sì bene predicare che convertisse tutti gl'infedeli alla fede di Cristo; iscrivi che non è ivi perfetta letizia".

E durando questo modo di parlare bene di due miglia, frate Lione, con grande ammirazione il domandò e disse: "Padre, io ti priego dalla parte di Dio che tu mi dica dove è perfetta letizia". E santo Francesco sì gli rispuose: "Quando noi saremo a santa Maria degli Agnoli, così bagnati per la piova e agghiacciati per lo freddo e infangati di loto e afflitti di fame, e picchieremo la porta dello luogo, e 'l portinaio verrà adirato e dirà: Chi siete voi? e noi diremo: Noi siamo due de' vostri frati; e colui dirà: Voi non dite vero, anzi siete due ribaldi ch'andate ingannando il mondo e rubando le limosine de' poveri; andate via; e non ci aprirà, e faracci stare di fuori alla neve e all'acqua, col freddo e colla fame infino alla notte; allora se noi tanta ingiuria e tanta crudeltà e tanti commiati sosterremo pazientemente sanza turbarcene e sanza mormorare di lui, e penseremo umilmente che quello portinaio veramente ci conosca, che Iddio il fa parlare contra a noi; o frate Lione, iscrivi che qui è perfetta letizia. E se anzi perseverassimo picchiando, ed egli uscirà fuori turbato, e come gaglioffi importuni ci caccerà con villanie e con gotate dicendo: Partitevi quinci, ladroncelli vilissimi, andate allo spedale, ché qui non mangerete voi, né albergherete; se noi questo sosterremo pazientemente e con allegrezza e con buono amore; o frate Lione, iscrivi che quivi è perfetta letizia. E se noi pur costretti dalla fame e dal freddo e dalla notte più picchieremo e chiameremo e pregheremo per l'amore di Dio con grande pianto che ci apra e mettaci pure dentro, e quelli più scandolezzato dirà: Costoro sono gaglioffi importuni, io li pagherò bene come son degni; e uscirà fuori con uno bastone nocchieruto, e piglieracci per lo cappuccio e gitteracci in terra e involgeracci nella neve e batteracci a nodo a nodo con quello bastone: se noi tutte queste cose sosterremo pazientemente e con allegrezza, pensando le pene di Cristo benedetto, le quali dobbiamo sostenere per suo amore; o frate Lione, iscrivi che qui e in questo è perfetta letizia. E però odi la conclusione, frate Lione. Sopra tutte le grazie e doni dello Spirito Santo, le quali Cristo concede agli amici suoi, si è di vincere se medesimo e volentieri per lo amore di Cristo sostenere pene, ingiurie e obbrobri e disagi; imperò che in tutti gli altri doni di Dio noi non ci possiamo gloriare, però che non sono nostri, ma di Dio, onde dice l'Apostolo: *Che hai tu, che tu non abbi da Dio? e se tu l'hai avuto da lui perché te ne glorii come se tu l'avessi da te?* Ma nella croce della tribolazione e dell'afflizione ci possiamo gloriare, però che dice l'Apostolo: *Io non mi voglio gloriare se non nella croce del nostro Signore Gesù Cristo*".

A laude di Gesù Cristo e del poverello Francesco. Amen.

9

Come santo Francesco insegnava rispondere a frate Lione, e non poté mai dire se non contrario di quello Francesco volea.

Essendo santo Francesco una volta nel principio dell'Ordine con fra Lione in un luogo dove non aveano libri da dire l'Ufficio divino quando venne l'ora del mattutino sì disse santo Francesco a frate Lione: "Carissimo, noi non abbiamo breviario, col quale noi possiamo dire il mattutino, ma acciò che noi ispendiamo il tempo a laudare Iddio, io dirò e tu mi risponderai com'io t'insegnerò: e guarda che tu non muti le parole altrimenti ch'io t'insegnerò. Io dirò così: O frate Francesco, tu facesti tanti mali e tanti peccati nel secolo, che tu se' degno dello 'nferno; e tu, frate Lione, risponderai: Vera cosa è che tu meriti lo 'nferno profondissimo". E frate Lione con semplicità colombina rispuose: "Volentieri, padre; incomincia al nome di Dio". Allora santo Francesco cominciò a dire: "O frate Francesco, tu facesti tanti mali e tanti peccati nel secolo, che tu se' degno dello 'nferno". E frate Lione risponde: "Iddio farà per te tanti beni, che tu ne andrai in Paradiso". Disse santo Francesco: "Non dire così, frate Lione, ma quando io dirò: Frate Francesco, tu che hai fatte tante cose inique contro Dio, che tu se' degno d'esser maladetto da Dio; e tu rispondi così: Veramente tu se' degno d'essere messo tra' maladetti". E frate Lione risponde: "Volentieri padre". Allora santo Francesco, con molte lagrime e sospiri e picchiare di petto, dice ad alta voce: "O Signore mio del cielo e della terra, io ho commesso contro a te tante iniquità e tanti peccati, che al tutto son degno d'esser da te maledetto". E frate Lione risponde: "O frate Francesco, Iddio ti farà tale, che tra li benedetti tu sarai singolarmente benedetto". E santo Francesco maravigliandosi che frate Lione rispondea per lo contrario di quello che 'mposto gli avea, sì lo riprese dicendo "Perché non rispondi come io t'insegno? Io ti comando per santa ubbidienza che tu rispondi come io t'insegnerò. Io dirò così: O frate Francesco cattivello, pensi tu che Dio arà misericordia di te? con ciò sia cosa che tu abbi commessi tanti peccati contra 'l Padre della misericordia e Dio d'ogni consolazione, che tu non se' degno di trovare misericordia. E tu, frate Lione pecorella, risponderai: Per nessun modo se' degno di trovare misericordia". Ma poi quando santo Francesco disse: "O frate Francesco cattivello" etc.; frate Lione si rispuose: "Iddio Padre, la cui misericordia è infinita più che il peccato tuo, farà teco grande misericordia e sopra essa t'aggiugnerà molte grazie". A questa risposta santo Francesco, dolcemente adirato e pazientemente turbato, disse a frate Lione: "E perché hai tu avuto presunzione di fare contr'all'ubbidienza, e già cotante volte hai risposto il contrario di quello ch'io t'ho imposto?". Risponde frate Lione molto umilmente e riverentemente: "Iddio il sa, padre mio, ch'ogni volta io m'ho posto in cuore di rispondere come tu m'hai comandato; ma Iddio mi fa parlare secondo che gli piace non secondo piace a me". Di che santo Francesco si maravigliò, e disse a frate Lione: "Io ti priego carissimamente che tu mi risponda questa volta com'io t'ho detto". Risponde frate Lione: "Di' al nome di Dio, che per certo io risponderò questa volta come tu vuogli". E santo Francesco lagrimando disse: "O frate Francesco cattivello, pensi tu che Iddio abbia misericordia di te?". Risponde frate Lione: "Anzi grazia grande riceverai da Dio, ed esalteratti e glorificheratti in eterno, imperò che chi sé umilia sarà esaltato. E io non posso altro dire, imperò che Iddio parla per la bocca mia". E così in questa umile contenzione, con molte lagrime e con molta consolazione ispirituale, si vegghiarono infino a dì.

A laude di Gesù Cristo e del poverello Francesco. Amen.

10

Come frate Masseo quasi proverbiando, disse a santo Francesco che a lui tutto il mondo andava dirieto; ed egli rispuose che ciò era a confusione del mondo e grazia di Dio; perch'io sono il più vile del mondo.

Dimorando una volta santo Francesco nel luogo della Porziuncola con frate Masseo da Marignano, uomo di grande santità, discrezione e grazia nel parlare di Dio, per la qual cosa santo Francesco molto l'amava; uno dì tornando santo Francesco dalla selva e dalla orazione, e sendo allo uscire della selva, il detto frate Masseo volle provare sì com'egli fusse umile, e fecieglisi incontra, e quasi proverbiando disse: "Perché a te, perché a te, perché a te?". Santo Francesco risponde: "Che è quello che tu vuoi dire?". Disse frate Masseo: "Dico, perché a te tutto il mondo viene dirieto, e ogni persona pare che desideri di vederti e d'udirti e d'ubbidirti? Tu non se' bello uomo del corpo, tu non se' di grande scienza, tu non se' nobile onde dunque a te che tutto il mondo ti venga dietro?". Udendo questo santo Francesco, tutto rallegrato in ispirito, rizzando la faccia al cielo, per grande spazio istette colla mente levata in Dio, e poi ritornando in sé, s'inginocchiò e rendette laude e grazia a Dio, e poi con grande fervore di spirito si rivolse a frate Masseo e disse: "Vuoi sapere perché a me? vuoi sapere perché a me? vuoi sapere perché a me tutto 'l mondo mi venga dietro? Questo io ho da quelli occhi dello altissimo Iddio, li quali in ogni luogo contemplano i buoni e li rei: imperciò che quelli occhi santissimi non hanno veduto fra li peccatori nessuno più vile, né più insufficiente, né più grande peccatore di me; e però a fare quell'operazione maravigliosa, la quale egli intende di fare, non ha trovato più vile creatura sopra la terra, e perciò ha eletto me per confondere la nobilità e la grandigia e la fortezza e bellezza e sapienza del mondo, acciò che si conosca ch'ogni virtù e ogni bene è da lui, e non dalla creatura, e nessuna persona si possa gloriare nel cospetto suo; ma chi si gloria, si glorii nel Signore, a cui è ogni onore e gloria in eterno". Allora frate Masseo a così umile risposta, detta con fervore, sì si spaventò e conobbe certamente che santo Francesco era veramente fondato in umiltà.

A laude di Cristo e del poverello Francesco. Amen.

11

Come santo Francesco fece aggirare intorno intorno più volte frate Masseo, e poi n'andò a Siena.

Andando un dì santo Francesco per cammino con frate Masseo, il detto frate Masseo andava un po' innanzi, e giungendo a un trivio di via, per lo quale si potea andare a Firenze, a Siena e Arezzo, disse frate Masseo: "Padre, per quale via dobbiamo noi andare?". Risponde santo Francesco: "Per quella che Iddio vorrà". Disse frate Masseo: "E come potremo noi sapere la volontà di Dio?". Risponde santo Francesco: "Al segnale ch'io ti mostrerò, onde io ti comando per lo merito della santa obbidienza, che in questo trivio nello luogo ove tu tieni i piedi, t'aggiri intorno, intorno, come fanno i fanciulli, e non ristare di volgerti s'io non tel dico". Allora frate Masseo incominciò a volgersi in giro, e tanto si volse, che per la vertigine del capo, la quale si suole generare per cotale girare, egli cadde più volte in terra; ma non dicendogli santo Francesco che ristesse ed egli volendo fedelmente ubbidire, si rizzava. Alla fine, quando si volgeva forte, disse santo Francesco: "Sta' fermo e non ti muovere". Ed egli stette; e santo Francesco il domanda: "Inverso che parte tieni la faccia?". Risponde frate Masseo: "Inverso Siena". Disse santo Francesco: "Quella è la via per la quale Iddio vuole che noi andiamo".

Andando per quella via, frate Masseo fortemente si maravigliò di quello che santo Francesco gli avea fatto fare, come fanciulli, dinanzi a' secolari che passavano; nondimeno per riverenza non ardiva di dire niente al padre santo.

Appressandosi a Siena, il popolo della città udì dello avvenimento del santo, e fecionglisi incontro e per divozione il portarono lui e 'l compagno insino al vescovado, che non toccò niente terra co' piedi. In quell'ora alquanti uomini di Siena combatteano insieme, e già n'erano morti due di loro; giungendo ivi, santo Francesco predicò loro sì divotamente e sì santamente, che li ridusse tutti quanti a pace e grande umiltà e concordia insieme. Per la qual cosa, udendo il Vescovo di Siena quella santa operazione ch'avea fatta santo Francesco, lo 'nvitò a casa, e ricevettelo con grandissimo onore quel dì e anche la notte. E la mattina seguente santo Francesco, vero umile, il quale nelle sue operazioni non cercava se non la gloria di Dio, si levò per tempo col suo compagno, e partissi sanza saputa del Vescovo.

Di che il detto frate Masseo andava mormorando tra se medesimo, per la via, dicendo: "Che è quello ch'ha fatto questo buono uomo? Me fece aggirare come uno fanciullo, e al vescovo, che gli ha fatto tanto onore, non ha detto pure una buona parola, né ringraziatolo.". E parea a frate Masseo che santo Francesco si fusse portato così indiscretamente. Ma poi per divina ispirazione, ritornando in se medesimo e riprendendosi, disse fra suo cuore: "Frate Masseo, tu se' troppo superbo, il quale giudichi l'opere divine, e se' degno dello 'nferno per la tua indiscreta superbia: imperò che nel dì di ieri frate Francesco si fece sì tante operazioni, che se le avesse fatte l'Agnolo di Dio, non sarebbono state più maravigliose. Onde se ti comandasse che gittassi le pietre, sì lo dovresti fare e ubbidirlo, che ciò ch'egli ha fatto in questa via è proceduto dall'operazione divina, siccome si dimostra nel buono fine ch'è seguito; però che s'e' non avesse rappacificati coloro che combattevano insieme, non solamente molti corpi, come già aveano cominciato, sarebbero istati morti di coltello, ma eziandio molte anime il diavolo arebbe tratte allo 'nferno. E però tu se' stoltissimo e superbo, che mormori di quello che manifestamente procede dalla volontà di Dio".

E tutte queste cose che dicea frate Masseo nel cuore suo, andando innanzi, furono da Dio rivelate a santo Francesco. Onde appressandosi santo Francesco a lui disse così: "A quelle cose che tu pensi ora t'attieni, però ch'elle sono buone e utili e da Dio spirate: ma la prima mormorazione che tu facevi era cieca e vana e superba e futti messa nell'animo dal demonio". Allora frate Masseo chiaramente s'avvide che santo Francesco sapea li secreti del suo cuore, e certamente comprese che lo spirito della divina Sapienza dirizzava in tutti i suoi atti il padre santo.

A laude di Gesù Cristo e del poverello Francesco. Amen.

12

Come santo Francesco puose frate Masseo allo ufficio della porta, della limosina e della cucina; poi a priego degli altri frati ne lo levò.

Santo Francesco, volendo aumiliare frate Masseo, acciò che per molti doni e grazie che Iddio gli dava non si levasse in vanagloria, ma per virtù della umiltà crescesse con essi di virtù in virtù, una volta ch'egli dimorava in luogo solitario con que' primi suoi compagni veramente santi, de' quali era il detto frate Masseo, disse un dì a frate Masseo dinanzi a tutti i compagni: "O frate Masseo, tutti questi tuoi compagni hanno la grazia della contemplazione e della orazione: ma tu hai la grazia della predicazione della parola di Dio a soddisfare al popolo. E però io voglio, acciò che costoro possano intendere alla contemplazione, che tu faccia l'ufficio della porta e della limosina e della cucina: e quando gli altri frati mangeranno, e tu mangerai fuori della porta del luogo, sicché a quelli che verranno al luogo, innanzi che picchino, tu soddisfaccia loro di qualche buone parole di Dio, sicché non bisogni niuno andare fuori allora altri che tu. E questo fa per lo merito di santa obbidienza".

Allora frate Masseo si trasse il cappaccio e inchinò il capo, e umilemente ricevette e perseguitò questa obbedienza per più dì, facendo l'ufficio della porta, della limosina e della cucina.

Di che li compagni, come uomini alluminati da Dio, cominciarono a sentire ne' cuori loro grande rimordimento, considerando che frate Masseo era uomo di grande perfezione com'eglino o più, e a lui era posto tutto il peso del luogo e non a loro. Per la qual cosa eglino si mossono tutti di uno volere, e andarono a pregare il padre santo che gli piacesse distribuire fra loro quelli uffici, imperò che le loro coscienze per nessuno mondo poteano sostenere che frate Masseo portasse tante fatiche. Udendo cotesto, santo Francesco sì credette a' loro consigli e acconsentì alle loro volontà. E chiamato frate Masseo, sì gli disse: "Frate Masseo, li tuoi compagni vogliono fare parte degli uffici ch'io t'ho dati; e però io voglio che li detti uffici si dovidano". Dice frate Masseo con grande umiltà e pazienza: "Padre, ciò che m'imponi, o di tutto o di parte, io il reputo fatto da Dio tutto". Allora santo Francesco, vedendo la carità di coloro e la umiltà di frate Masseo, fece loro una predica maravigliosa e grande della santissima umiltà, ammaestrandoli che quanto maggiori doni e grazie ci dà Iddio, tanto noi dobbiamo esser più umili; imperò che sanza l'umiltà nessuna virtù è accettabile a Dio. E fatta la predica, distribuì gli uffici con grandissima carità.

A laude di Gesù Cristo e del poverello Francesco. Amen.

13

Come santo Francesco e frate Masseo il pane che aveano accattato puosono in su una pietra allato a una fonte, e santo Francesco lodò molto la povertà. Poi pregò Iddio e santo Pietro e santo Paulo che gli mettesse in amore la santa povertà, e come gli apparve santo Pietro e santo Paulo.

Il maraviglioso servo e seguitatore di Cristo, cioè messere santo Francesco, per conformarsi perfettamente a Cristo in ogni cosa, il quale, secondo che dice il Vangelo, mandò li suoi discepoli a due a due a tutte quelle città e luoghi dov'elli dovea andare; da poi che ad esempio di Cristo egli ebbe radunati dodici compagni, sì li mandò per lo mondo a predicare a due a due. E per dare loro esempio di vera obbidienza, egli in prima incominciò a fare, che 'nsegnare. Onde avendo assegnato a' compagni l'altre partì del mondo, egli prendendo frate Masseo per compagno prese il cammino verso la provincia di Francia. E pervenendo un dì a una villa assai affamati, andarono, secondo la Regola, mendicando del pane per l'amore di Dio; e santo Francesco andò per una contrada, e frate Masseo per un'altra. Ma imperò che santo Francesco era uomo troppo disprezzato e piccolo di corpo, e perciò era riputato un vile poverello da chi non lo conosceva, non accattò se non parecchi bocconi e pezzuoli di pane secco, ma frate Masseo, imperò che era uomo grande e bello del corpo, sì gli furono dati buoni pezzi e grandi e assai e del pane intero.

Accattato ch'egli ebbono, si si raccolsono insieme fuori della villa in uno luogo per mangiare, dov'era una bella fonte, e allato avea una bella pietra larga, sopra la quale ciascuno puose tutte le limosme ch'avea accattate. E vedendo santo Francesco che li pezzi del pane di frate Masseo erano più e più belli e più grandi che li suoi fece grandissima allegrezza e disse così: "O frate Masseo, noi non siamo degni di così grande tesoro". E ripetendo queste parole più volte, rispose frate Masseo: "Padre, come si può chiamare tesoro, dov'è tanta povertà e mancamento di quelle cose che bisognano? Qui non è tovaglia, né coltello, né taglieri, né scodelle, né casa, né mensa, né fante, né fancella". Disse santo Francesco: "E questo è quello che io riputo grande tesoro, dove non è cosa veruna apparecchiata per industria umana; ma ciò che ci è, è apparecchiato dalla provvidenza divina, siccome si vede manifestamente nel pane accattato, nella mensa della pietra così bella, e nella fonte così chiara. E però io voglio che 'l tesoro della santa povertà così nobile il quale ha per servidore Iddio, ci faccia amare con tutto il cuore". E dette queste parole, e fatta orazione e presa la refezione corporale di questi pezzi del pane e di quella acqua, si levarono per camminare in Francia.

E giungendo ad una chiesa, disse santo Francesco al compagno: "Entriamo in questa chiesa ad orare". E vassene santo Francesco dietro all'altare, e puosesi in orazione, e in quella orazione ricevette dalla divina visitazione sì eccessivo fervore, il quale infiammò sì fattamente l'anima sua ad amore della santa povertà, che tra per lo colore della faccia e per lo nuovo isbadigliare della bocca parea che gittasse fiamme d'amore. E venendo così infocato al compagno gli disse: "A, A, A, frate Masseo, dammi te medesimo". E così disse tre volte, e nella terza volta santo Francesco levò col fiato frate Masseo in aria, e gittollo dinanzi a sé per ispazio d'una grande asta di che esso frate Masseo ebbe grandissimo stupore. Recitò poi alli compagni che in quello levare e sospignere col fiato il quale gli fece santo Francesco, egli sentì tanta dolcezza d'animo e consolazione dello Spirito Santo, che mai in vita sua non ne sentì tanta. E fatto questo disse santo Francesco: "Compagno mio carissimo, andiamo a santo Pietro e a santo Paulo, e preghiamoli ch'eglino c'insegnino e aiutino a possedere il tesoro ismisurato della santissima povertà imperò ch'ella è tesoro sì degnissimo e sì divino, che noi non siamo degni di possederlo nelli nostri vasi vilissimi, con ciò sia cosa che questa sia quella virtù celestiale, per la quale tutte le cose terrene e transitorie si calcano, e per la quale ogni impaccio si toglie dinanzi all'anima, acciò ch'ella si possa liberamente congiungere con Dio eterno. Questa è quella virtù la quale fa l'anima, ancor posta in terra, conversare in cielo con gli Agnoli. Questa è quella ch'accompagnò Cristo in sulla croce; con Cristo fu soppellita, con Cristo resuscitò, con Cristo salì in cielo; la quale eziandio in questa vita concede all'anime, che di lei innamorano, agevolezza di volare in cielo; con ciò sia cosa ch'ella guardi l'armi della vera umiltà e carità. E però preghiamo li santissimi Apostoli di Cristo, li quali furono perfetti amatori di questa perla evangelica, che ci accattino questa grazia dal nostro Signore Gesù Cristo, che per la sua santissima misericordia ci conceda di meritare d'essere veri amatori, osservatori ed umili discepoli della preziosissima, amatissima ed evangelica povertà".

E in questo parlare giunsono a Roma, ed entrarono nella chiesa di santo Pietro; e santo Francesco si puose in orazione in uno cantuccio della chiesa, e frate Masseo nell'altro. E stando lungamente in orazione con molte lagrime e divozione, apparvono a santo Francesco li santissimi apostoli Pietro e Paulo con grande splendore, e dissono: "Imperò che tu addimandi e disideri di osservare quello che Cristo e li santi Apostoli osservarono, il nostro Signore Gesù Cristo ci manda a te annunziarti che la tua orazione è esaudita, ed ètti conceduto da Dio a te e a' tuoi seguaci perfettissimamente il tesoro della santissima povertà. E ancora da sua parte ti diciamo, che qualunque a tuo esempio seguiterà perfettamente questo disiderio, egli è sicuro della beatitudine di vita eterna; e tu e tutti i tuoi seguaci sarete da Dio benedetti". E dette queste parole disparvono, lasciando santo Francesco pieno di consolazione. Il quale si levò dalla orazione e ritornò al suo compagno e domandollo se Iddio gli avea rivelato nulla, ed egli rispuose che no. Allora santo Francesco sì gli disse come li santi Apostoli gli erano appariti e quello che gli aveano rivelato. Di che ciascuno pieno di letizia diterminarono di tornare nella valle di Spulito, lasciando l'andare in Francia. A laude di Gesù Cristo e del poverello Francesco. Amen.

14

Come istando santo Francesco con suoi frati a parlare di Dio, Iddio apparve in mezzo di loro.

Essendo santo Francesco in un luogo, nel cominciamento della religione, raccolto co' suoi compagni a parlare di Cristo, egli in fervore di spirito comandò a uno di loro che nel nome di Dio aprisse la sua bocca e parlasse di Dio ciò che lo Spirito Santo gli spirasse. Adempiendo il frate il comandamento e parlando di Dio maravigliosamente, sì gl'impose santo Francesco silenzio, e comanda il simigliante a un altro frate. Ubbidendo colui e parlando di Dio sottilmente, e santo Francesco simigliantemente sì gli impuose silenzio; e comandò al terzo che parli di Dio. Il quale simigliantemente cominciò a parlare sì profondamente delle cose segrete di Dio, che certamente santo Francesco conobbe ch'egli, siccome gli altri due, parlava per Ispirito Santo. E questo anche sì si dimostrò per esempio e per espresso segnale; imperò che istando in questo parlare, apparve Cristo benedetto nel mezzo di loro in ispezie e 'n forma di un giovane bellissimo, e benedicendoli tutti li riempì di tanta grazia e dolcezza, che tutti furono ratti fuori di se medesimi, e giacevano come morti, non sentendo niente di questo mondo. E poi tornando in se medesimi, disse loro santo Francesco: "Fratelli miei carissimi, ringraziate Iddio, il quale ha voluto per le bocche de' semplici rivelare i tesori della divina sapienza; imperò che Iddio è colui il quale apre la bocca ai mutoli, e le lingue delli semplici fa parlare sapientissimamente".

A laude di Gesù Cristo e del poverello Francesco. Amen.

15

Come santa Chiara mangiò con santo Francesco e co' suoi compagni frati in Santa Maria degli Agnoli.

Santo Francesco, quando stava a Sciesi, ispesse volte visitava Santa Chiara dandole santi ammaestramenti. Ed avendo ella grandissimi desideri di mangiare una volta con lui, e di ciò pregandolo molte volte, egli non le volle mai fare questa consolazione. Onde vedendo li suoi compagni il desiderio di santa Chiara, dissono a santo Francesco: "Padre, a noi non pare che questa rigidità sia secondo la carità divina, che suora Chiara, vergine così santa, a Dio diletta tu non esaudisca in così piccola cosa, come è mangiare teco e spezialmente considerando ch'ella per le tue predicazioni abbandonò le ricchezze e le pompe del mondo. E di vero, s'ella ti domandasse maggiore grazia che questa non è, sì la doveresti fare alla tua pianta spirituale". Allora santo Francesco rispuose: "Pare a voi ch'io la debba esaudire?". Rispondono li compagni: "Padre, si degna cosa è che tu le faccia questa grazia e consolazione". Disse allora santo Francesco: "Da poi che pare a voi, pare anche a me. Ma acciò ch'ella sia più consolata, io voglio che questo mangiare si faccia in Santa Maria degli Agnoli, imperò ch'ella è stata lungo tempo rinchiusa in santo Damiano, sicché le gioverà di vedere il luogo di santa Maria, dov'ella fu tonduta e fatta isposa di Gesù Cristo; ed ivi mangeremo insieme al nome di Dio".

Venendo adunque il dì ordinato a ciò, santa Chiara escì del monistero con una compagna, accompagnata di compagni di santo Francesco, e venne a Santa Maria degli Agnoli. E salutata divotamente la Vergine Maria dinanzi al suo altare, dov'ella era stata tonduta e velata, sì la menorono vedendo il luogo, infino a tanto che fu ora da desinare. E in questo mezzo santo Francesco fece apparecchiare la mensa in sulla piana terra, siccome era usato di fare. E fatta l'ora di desinare si pongono a sedere insieme santo Francesco e santa Chiara, e uno delli compagni di santo Francesco e la compagna di santa Chiara, e poi tutti gli altri compagni s'acconciarono alla mensa umilmente. E per la prima vivanda santo Francesco cominciò a parlare di Dio sì soavemente, sì altamente, maravigliosamente, che discendendo sopra di loro l'abbondanza della divina grazia, tutti furono in Dio ratti.

E stando così ratti con gli occhi e con le mani levate in cielo, gli uomini da Sciesi e da Bettona e que' della contrada dintorno, vedeano che Santa Maria degli Agnoli e tutto il luogo e la selva ch'era allora allato al luogo, ardeano fortemente, e parea che fosse un fuoco grande che occupava la chiesa e 'l luogo e la selva insieme. Per la qual cosa gli Ascesani con gran fretta corsono laggiù per ispegnere il fuoco, credendo veramente ch'ogni cosa ardesse. Ma giugnendo al luogo e non trovando ardere nulla, entrarono dentro e trovarono santo Francesco con santa Chiara con tutta la loro compagnia ratti in Dio per contemplazione e sedere intorno a quella mensa umile. Di che essi certamente compresono che, quello era stato fuoco divino e non materiale, il quale Iddio avea fatto apparire miracolosamente, a dimostrare e significare il fuoco de divino amore, del quale ardeano le anime di questi santi frati e sante monache; onde si partirono con grande consolazione nel cuore loro e con santa edificazione.

Poi, dopo grande spazio tornando in sé santo Francesco e santa Chiara insieme con li altri, e sentendosi bene confortati del cibo spirituale, poco si curarono del cibo corporale. E così compiuto quel benedetto disinare, santa Chiara bene accompagnata si ritornò a Santo Damiano. Di che le suore veggendola ebbono grande allegrezza; però ch'elle temeano che santo Francesco non l'avesse mandata a reggere qualche altro monisterio, siccome egli avea già mandata suora Agnese, santa sua sirocchia, abbadessa a reggere il monisterio di Monticelli di Firenze; e santo Francesco alcuna volta avea detto a santa Chiara: "Apparecchiati, se bisognasse ch'io ti mandassi in alcuno luogo"; ed ella come figliuola di santa obbidienza avea risposto: "Padre, io sono sempre apparecchiata ad andare dovunque voi mi manderete". E però le suore sì si rallegrarono fortemente, quando la riebbono; e santa Chiara rimase d'allora innanzi molto consolata.

A laude di Gesù Cristo e del poverello Francesco. Amen.

16

Come santo Francesco ricevuto il consiglio di santa Chiara e del santo frate Silvestro, che dovesse predicando convertire molta gente, e' fece il terzo Ordine e predicò agli uccelli e fece stare quete le rondini.

L'umile servo di Cristo santo Francesco, poco tempo dopo la sua conversione, avendo già radunati molti compagni e ricevuti all'Ordine, entrò in grande pensiero e in grande dubitazione di quello che dovesse fare: ovvero d'intendere solamente ad orare, ovvero alcuna volta a predicare, e sopra ciò disiderava molto di sapere la volontà di Dio. E però che la santa umiltà, ch'era in lui, non lo lasciava presumere di sé né di sue orazioni, pensò di cercarne la divina volontà con le orazioni altrui. Onde egli chiamò frate Masseo e dissegli così: "Va' a suora Chiara e dille da mia parte ch'ella con alcune delle più spirituali compagne divotamente preghino Iddio, che gli piaccia dimostrarmi qual sia il meglio; ch'io intenda a predicare o solamente all'orazione. E poi va' a frate Silvestro e digli il simigliante". Quello era stato nel secolo messere Silvestro, il quale avea veduto una croce d'oro procedere dalla bocca di santo Francesco, la quale era lunga insino al cielo e larga insino alla stremità del mondo; ed era questo frate Silvestro di tanta divozione e di tanta santità, che di ciò che chiedeva a Dio, e' impetrava ed era esaudito, e spesse volte parlava con Dio, e però santo Francesco avea in lui grande divozione.

Andonne frate Masseo e, secondo il comandamento di santo Francesco, fece l'ambasciata prima a santa Chiara e poi a frate Silvestro. Il quale, ricevuta che l'ebbe, immantenente si gittò in orazione e orando ebbe la divina risposta, e tornò frate Masseo e disse così: "Questo dice Iddio che tu dica a frate Francesco: che Iddio non l'ha chiamato in questo stato solamente per sé, ma acciò che faccia frutto delle anime e molti per lui sieno salvati". Avuta questa risposta, frate Masseo tornò a santa Chiara a sapere quello ch'ella avea impetrato da Dio. Ed ella rispuose ch'ella e l'altre compagne aveano avuta da Dio quella medesima risposta, la quale avea avuto frate Silvestro.

Con questo ritorna frate Masseo a santo Francesco, e santo Francesco il riceve con grandissima carità, lavandogli li piedi e apparecchiandogli desinare. E dopo 'l mangiare, santo Francesco chiamò frate Masseo nella selva e quivi dinanzi a lui s'inginocchia e trassesi il cappuccio, facendo croce delle braccia, e domandollo: "Che comanda ch'io faccia il mio Signore Gesù Cristo?". Risponde frate Masseo: "Sì a frate Silvestro e sì a suora Chiara colle suore, che Cristo avea risposto e rivelato che la sua volontà si è che tu vada per lo mondo a predicare, però ch'egli non t'ha eletto pure per te solo ma eziandio per salute degli altri". E allora santo Francesco, udito ch'egli ebbe questa risposta e conosciuta per essa la volontà di Cristo, si levò su con grandissimo fervore e disse: "Andiamo al nome di Dio". E prende per compagno frate Masseo e frate Agnolo, uomini santi.

E andando con empito di spirito, sanza considerare via o semita, giunsono a uno castello che si chiamava Savurniano. E santo Francesco si puose a predicare, e comandò prima alle rondini che tenessino silenzio infino a tanto ch'egli avesse predicato. E le rondini l'ubbidirono. Ed ivi predicò in tanto fervore che tutti gli uomini e le donne di quel castello per divozione gli volsono andare dietro e abbandonare il castello; ma santo Francesco non lasciò, dicendo loro: "Non abbiate fretta e non vi partite, ed io ordinerò quello che vo' dobbiate fare per salute dell'anime vostre". E allora pensò di fare il terzo ordine per universale salute di tutti. E così lasciandoli molto consolati bene disposti a penitenza, si partì quindi e venne tra Cannaio e Bevagno.

E passando oltre con quello fervore, levò gli occhi e vide alquanti arbori allato alla via, in su' quali era quasi infinita moltitudine d'uccelli; di che santo Francesco si maravigliò e disse a' compagni: "Voi m'aspetterete qui nella via, e io andrò a predicare alle mie sirocchie uccelli". E entrò nel campo e cominciò a predicare alli uccelli ch'erano in terra; e subitamente quelli ch'erano in su gli arbori se ne vennono a lui insieme tutti quanti e stettono fermi, mentre che santo Francesco compiè di predicare, e poi anche non si partivano infino a tanto ch'egli diè loro la benedizione sua. E secondo che recitò poi frate Masseo a frate Jacopo da Massa, andando santo Francesco fra loro, toccandole colla cappa, nessuna perciò si movea. La sustanza della predica di santo Francesco fu questa: "Sirocchie mie uccelli, voi siete molto tenute a Dio vostro creatore, e sempre e in ogni luogo il dovete laudare, imperò che v'ha dato la libertà di volare in ogni luogo; anche v'ha dato il vestimento duplicato e triplicato; appresso, perché elli riserbò il seme di voi in nell'arca di Noè, acciò che la spezie vostra non venisse meno nel mondo; ancora gli siete tenute per lo elemento dell'aria che egli ha deputato a voi. Oltre a questo, voi non seminate e non mietete, e Iddio vi pasce e davvi li fiumi e le fonti per vostro bere, e davvi li monti e le valli per vostro refugio, e gli alberi alti per fare li vostri nidi. E con ciò sia cosa che voi non sappiate filare né cucire, Iddio vi veste, voi e' vostri figliuoli. Onde molto v'ama il vostro Creatore, poi ch'egli vi dà tanti benefici, e però guardatevi, sirocchie mie, del peccato della ingratitudine, e sempre vi studiate di lodare Iddio". Dicendo loro santo Francesco queste parole, tutti quanti quelli uccelli cominciarono ad aprire i becchi e distendere i colli e aprire l'alie e riverentemente inchinare li capi infino in terra, e con atti e con canti dimostrare che 'l padre santo dava loro grandissimo diletto. E santo Francesco con loro insieme si rallegrava e dilettava, e maravigliavasi molto di tanta moltitudine d'uccelli e della loro bellissima varietà e della loro attenzione e famigliarità; per la qual cosa egli in loro divotamente lodava il Creatore. Finalmente compiuta la predicazione, santo Francesco fece loro il segno della Croce e diè loro licenza di partirsi; e allora tutti quelli uccelli si levarono in aria con maravigliosi canti, e poi secondo la Croce ch'avea fatta loro santo Francesco si divisono in quattro partì; e l'una parte volò inverso l'oriente e l'altra parte verso occidente, e l'altra parte verso lo meriggio, e la quarta parte verso l'aquilone, e ciascuna schiera n'andava cantando maravigliosi canti; in questo significando che come da santo Francesco gonfaloniere della Croce di Cristo era stato a loro predicato e sopra loro fatto il segno della Croce, secondo il quale egli si divisono in quattro partì del mondo; così la predicazione della Croce di Cristo rinnovata per santo Francesco si dovea per lui e per li suoi frati portare per tutto il mondo; li quali frati, a modo che gli uccelli, non possedendo nessuna cosa propria in questo mondo, alla sola provvidenza di Dio commettono la lor vita.

A laude di Gesù Cristo e del poverello Francesco. Amen.

17

Come uno fanciullo fraticino, orando santo Francesco di notte, vide Cristo e la Vergine Maria e molti altri santi parlare con lui.

Uno fanciullo molto puro e innocente fu ricevuto nell'Ordine, vivendo santo Francesco; e stava in uno luogo piccolo, nel quale i frati per necessità dormivano in campoletti. Venne santo Francesco una volta al detto luogo; e la sera, detta Compieta, s'andò a dormire per potersi levare la notte ad orare, quando gli altri frati dormissono, come egli era usato di fare. Il detto fanciullo si puose in cuore di spiare sollecitamente le vie di santo Francesco, per potere conoscere la sua santità e spezialmente di potere sapere quello che facea la notte quando si levava. E acciò che 'l sonno non lo ingannasse, sì si puose quello fanciullo a dormire allato a santo Francesco e legò la corda sua con quella di santo Francesco, per sentirlo quando egli si levasse e di questo santo Francesco non sentì niente. Ma la notte in sul primo sonno, quando tutti gli altri frati dormivano, si levò e trovò la corda sua così legata e sciolsela. Pianamente, perché il fanciullo non si sentisse, e andossene santo Francesco solo nella selva ch'era presso al luogo, ed entra in una celluzza che v'era e puosesi in orazione.

E dopo alcuno spazio si desta il fanciullo e trovando la corda isciolta e santo Francesco levato, levossi su egli e andò cercando di lui; e trovando aperto l'uscio donde s'andava nella selva, pensò che santo Francesco fusse ito là, ed entra nella selva. E giungendo presso al luogo dove santo Francesco orava, cominciò a udire un grande favellare; e appressandosi più, per vedere e per intendere quello ch'egli udiva, gli venne veduta una luce mirabile la quale attorniava santo Francesco, e in essa vide Cristo e la Vergine Maria e santo Giovanni Battista e l'Evangelista e grandissima moltitudine d'Agnoli, li quali parlavano con santo Francesco. Vedendo questo il fanciullo e udendo, cadde in terra tramortito. Poi, compiuto il misterio di quella santa apparizione e tornando santo Francesco al luogo, trovò il detto fanciullo, col piè, giacere nella via come morto, e per compassione si lo levò e arrecollosi in braccia e portollo come fa il buono pastore alle sue pecorelle.

E poi sapendo da lui com'egli avea veduta la detta visione, sì gli comandò che non lo dicesse mai a persona, cioè mentre che egli fosse vivo. Il fanciullo poi, crescendo in grazia di Dio e divozione di santo Francesco, fu uno valente uomo in nello Ordine, ed esso dopo la morte di santo Francesco, rivelò alli frati la detta visione.

A laude di Gesù Cristo e del poverello Francesco. Amen.

18

Del maraviglioso Capitolo che tenne santo Francesco a Santa Maria degli Agnoli dove furono oltre a cinquemila frati.

Il fedele servo di Cristo santo Francesco tenne una volta un Capitolo generale a Santa Maria degli Agnoli, al quale Capitolo si raunò oltre cinquemila frati; e vennevi santo Domenico, capo e fondamento dell'Ordine de' frati Predicatori, il quale allora andava di Borgogna a Roma, e udendo la congregazione del Capitolo che santo Francesco facea in nel piano di Santa Maria degli Agnoli, si lo andò a vedere con sette frati dell'Ordine suo. Fu ancora al detto Capitolo uno Cardinale divotissimo di santo Francesco, al quale egli avea profetato ch'egli dovea essere Papa, e così fu, il quale Cardinale era venuto istudiosamente da Perugia, dov'era la corte ad Ascesi; e ogni dì veniva a vedere santo Francesco e' suoi frati, e alcuna volta cantava la messa, alcuna volta faceva il sermone a' frati in Capitolo; e prendea il detto Cardinale grandissimo diletto e divozione, quando venia a visitare quel santo collegio. E veggendo sedere in quella pianura intorno a Santa Maria i frati a schiera a schiera, qui quaranta, ove cento, dove ottanta insieme, tutti occupati nel ragionare di Dio, in orazioni, in lagrime, in esercizi di carità, e stavano con tanto silenzio e con tanta modestia, che ivi non si sentia uno romore, nessuno stropiccìo e maravigliandosi di tanta moltitudine in uno così ordinata, con lagrime e con grande devozione diceva: "Veramente questo si è il campo e lo esercito de' cavalieri di Dio!". Non si udiva in tanta moltitudine niuno parlare favole o bugie, ma dovunque si raunava ischiera di frati, quelli oravano, o eglino diceano ufficio, o piagneano i peccati loro o dei loro benefattori, o l'ragionavano della salute delle anime. Erano in quel campo tetti di graticci e di stuoie, e distinti per torme, secondo i frati di diverse Provincie; e però si chiamava quel Capitolo, il Capitolo di graticci ovvero di stuoie. I letti loro si era la piana terra e chi avea un poco di paglia; i capezzali si erano o pietre o legni. Per la qual ragione si era tanta divozione di loro, a chiunque li udiva o vedeva, e tanto la fama della loro santità, che della corte del Papa, ch'era allora a Perugia, e delle altre terre della Valle di Spulito veniano a vedere molti conti, baroni e cavalieri ed altri gentili uomini e molti popolani e cardinali e vescovi e abati e con molti altri cherici, per vedere quella così santa e grande congregazione e umile, la quale il mondo non ebbe mai, di tanti santi uomini insieme; e principalmente veniano a vedere il capo e padre santissimo di quella santa gente, il quale avea rubato al mondo così bella preda e raunato così bello e divoto gregge a seguitare l'orme del vero pastore Gesù Cristo.

Essendo dunque raunato tutto il Capitolo generale, il santo padre di tutti e generale ministro santo Francesco in fervore di spirito propone la parola di Dio, e predica loro in alta voce quello che lo Spirito Santo gli facea parlare; e per tema del sermone propuose queste parole: "Figliuoli miei, gran cose abbiamo promesse a Dio, troppo maggiori sono da Dio promesse a noi se osserviamo quelle che noi abbiamo promesse a lui; e aspettiamo di certo quelle che sono promesse a noi. Brieve è il diletto del mondo, ma la pena che seguita ad esso è perpetua. Piccola è la pena di questa vita, ma la gloria dell'altra vita è infinita". E sopra queste parole predicando divotissimamente, confortava e induceva tutti i frati a obbidienza e a riverenza della santa madre Chiesa e alla canta fraternale, e ad orare per tutto il popolo Iddio, ad avere pazienza nelle avversità del mondo e temperanza nelle prosperità, e tenere mondizia e castità angelica, e ad avere concordia e pace con Dio e con gli uomini e con la propria coscienza, e amore e osservanza della santissima povertà. E quivi disse egli: "lo comando, per merito della santa obbedienza, che tutti voi che siete congregati che nessuno di voi abbia cura né sollecitudine di veruna cosa di mangiare o di bere o di cose necessarie al corpo, ma solamente intendere a orare e laudare Iddio; e tutta la sollecitudine del corpo vostro lasciate a lui, imperò ch'egli ha spezialmente cura di voi". E tutti quanti ricevettono questo comandamento con allegro cuore e lieta faccia. E compiuto il sermone di santo Francesco, tutti si gettarono in orazione.

Di che santo Domenico, il quale era presente a tutte queste cose, fortemente si maravigliò del comandamento di santo Francesco e riputavalo indiscreto, non potendo pensare come tanta moltitudine si potesse reggere, sanza avere nessuna cura e sollocitudine e cose necessarie al corpo. Ma 'l principale pastore Cristo benedetto, volendo mostrare com'egli ha cura delle sue pecore e singulare amore a' poveri suoi, immantanente ispirò alle genti di Perugia, di di Spulito e di Foligno, di Spello e d'Ascesi e delle altre terre intorno, che portassono da mangiare e da bere a quella santa congregazione. Ed eccoti subitamente venire delle predette terre uomini con somieri, cavalli, carri, carichi di pane e di vino, di fave, di cacio e d'altre buone cose da mangiare, secondo ch'a' poveri di Cristo era di bisogno. Oltre a questo, recavano tovaglie, orciuli, ciotole, bicchieri e altri vasi che faceano mestieri a tanta moltitudine. E beato si riputava chi più cose potesse portare, o più sollecitamente servire, in tanto ch'eziandio i cavalieri e li baroni e altri gentili uomini che veniano a vedere, con grande umiltà e divozione servirono loro innanzi. Per la qual cosa santo Domenico, vedendo queste cose e conoscendo veramente che la provvidenza divina si adoperava in loro, umilmente si riconobbe ch'avea falsamente giudicato santo Francesco di comandamento indiscreto, e inginocchiossi andandogli innanzi e umilmente ne disse sua colpa e aggiunse: "Veramente Iddio ha cura speziale di questi santi poverelli, e io non lo sapea, e io da ora innanzi prometto d'osservare la evangelica povertà e santa; e maladico dalla parte di Dio tutti li frati dell'Ordine mio, li quali nel detto Ordine presumeranno d'avere proprio". Sicché santo Domenico fu molto edificato della fede del santissimo Francesco, e della obbidienza e della povertà di così grande e ordinato collegio, e della provvidenza divina e della copiosa abbondanza d'ogni bene.

In quello medesimo Capitolo fu detto a santo Francesco che molti frati portavano il cuoretto in sulle carni e cerchi di ferro, per la qual cosa molti ne infermavano, onde ne morivano, e molti n'erano impediti dallo orare. Di che santo Francesco, come discretissimo padre, comandò per la santa obbidienza, che chiunque avesse o cuoretto o cerchio di ferro, si se lo traesse e ponesselo dinanzi a lui. E così fecero. E furono annoverati bene cinquecento cuoretti di ferro e troppo più cerchi tra da braccia e da ventri, in tanto che feciono un grande monticello e santo Francesco tutti li fece lasciare ivi.

Poi compiuto lo Capitolo, santo Francesco confortandoli tutti in bene e ammaestrandoli come dovessino iscampare e sanza peccato di questo mondo malvagio, con la benedizione di Dio e la sua li rimandò alle loro provincie, tutti consolati di letizia spirituale.

A laude di Gesù Cristo e del poverello Francesco. Amen.

19

Come dalla vigna del prete da Rieti in casa di cui orò santo Francesco, per la molta gente che venia a lui furono tratte e colte l'uve, e poi miracolosamente fece più vino che mai sì come santo Francesco gli avea promesso. E come Iddio rivelò a santo Francesco ch'egli arebbe paradiso alla sua partita.

Sendo una volta santo Francesco gravemente infermo degli occhi messere Ugolino, cardinale protettore dell'Ordine, per grande tenerezza ch'avea di lui, sì gli iscrisse ch'egli andasse a lui a Rieti dov'erano ottimi medici d'occhi. Allora santo Francesco ricevuta la lettera del Cardinale, se ne andò in prima a Santo Damiano, dove era santa Chiara divotissima isposa di Cristo, per darle alcuna consolazione e poi andare al Cardinale. Essendo ivi santo Francesco, la notte seguente peggiorò sì degli occhi ch'e' non vedea punto di lume; di che non potendosi partire, e santa Chiara gli fece una celluzza di cannucce, nella quale egli si potesse meglio riposare. Ma santo Francesco tra per lo dolore della infermità e per la moltitudine de surci che gli faceano grandissima noia, punto del mondo non si potea posare, né di dì, né di notte. E sostenendo più dì quella pena e tribulazione, cominciò a pensare e a conoscere che quello era un flagello di Dio per li suoi peccati; e incominciò a ringraziare Iddio con tutto il cuore e con la bocca: e poi gridava ad alte voci e disse: "Signore mio Iddio, io sono degno di questo e di troppo peggio. Signore mio Gesù Cristo, pastore buono, il quale a noi peccatori hai posta la tua misericordia in diverse pene e angoscie corporali, concedi grazia e virtù tu a me tua pecorella, che per nessuna infermità e angoscia e dolore io mi parta da te". E fatta questa orazione, gli venne una voce dal cielo che disse: "Francesco, rispondimi. Se tutta la terra fosse oro, e tutti li mari e fonti e fiumi fossino balsimo, e tutti li monti, colli e li sassi fussono pietre preziose, e tu trovassi un altro tesoro più nobile che queste cose, quanto l'oro è più nobile che la terra, e 'l balsimo che l'acqua, e le pietre preziose più che i monti o i sassi, e fusseti dato per questa infermità quello più nobile tesoro, non ne dovresti tu essere contento e bene allegro?". Risponde santo Francesco: "Signore, io sono indegno di così prezioso tesoro". E la voce di Dio dicea a lui: "Rallegrati, Francesco, però che quello è il tesoro di vita eterna, il quale io ti riserbo e insino a ora io te ne investisco; e questa infermità e afflizione è arra di quello tesoro beato". Allora santo Francesco chiamò il compagno con grandissima allegrezza di così gloriosa promessa, e disse: "Andiamo al Cardinale". E consolando in prima santa Chiara con sante parole e da lei umilmente accomiatandosi, prese il cammino verso Rieti.

E quando vi giunse presso, tanta moltitudine di popolo gli si feciono incontro, che perciò egli non volle entrare nella città ma andossene a una chiesa ch'era presso la città forse a due miglia. Sappiendo li cittadini ch'egli era alla detta chiesa, correvano tanto intorno a vederlo, che la vigna della chiesa tutta si guastava e l'uve erano tutte colte. Di che il prete forte si dolea nel cuore suo, e pentessi ch'egli avea ricevuto santo Francesco nella sua chiesa. Essendo da Dio rivelato a santo Francesco il pensiero del prete, sì lo fece chiamare a sé e dissegli: "Padre carissimo, quante some di vino ti rende questa vigna l'anno, quand'ella ti rende meglio?". Rispuose, che dodici some. Dice santo Francesco: "Io ti priego, padre, che tu sostenga pazientemente il mio dimorare qui alquanti dì, però ch'io ci truovo molto riposo, e lascia torre a ogni persona dell'uva di questa tua vigna per lo amore di Dio e di me poverello; e io ti prometto dalla parte del mio Signore Gesù Cristo, ch'ella te ne renderà uguanno venti some". E questo faceva santo Francesco dello stare ivi, per lo grande frutto delle anime che si vedea fare delle genti che vi veniano, dei quali molti partivano inebriati del divino amore e abbandonavano il mondo. Confidossi il prete della promessa di santo Francesco e lasciò liberamente la vigna a coloro che venivano a lui. Maravigliosa cosa! La vigna fu al tutto guasta, sicché appena vi rimasono alcuni racimoli d'uve. Viene il tempo della vendemmia, e 'l prete raccoglie cotali racimoli e metteli nel tino e pigia, e secondo la promessa di santo Francesco, ricoglie venti some d'ottimo vino. Nel quale miracolo manifestamente si diè ad intendere che, come per merito di santo Francesco la vigna spogliata d'uve era abbondata in vino, così il popolo cristiano sterile di virtù per lo peccato, per li meriti e dottrina di santo Francesco spesse volte abbondava di buoni frutti di penitenza.

A laude di Gesù Cristo e del poverello Francesco. Amen.

20

D'una molto bella visione che vide uno frate giovane, a quale avea in tanta abbominazione la cappa, ch'era disposto di lasciare l'abito e uscire dell'Ordine.

Un giovane molto nobile e delicato venne all'Ordine di santo Francesco; il quale dopo alquanti dì, per istigazione del demonio, cominciò ad avere in tanta abbominazione l'abito che portava, che gli parea portare un sacco vilissimo; avea orrore delle maniche e abbominava il cappuccio, e la lunghezza e la asprezza gli parea una soma incomportabile. E crescendo pure il dispiacere della religione, egli finalmente si diliberò di lasciare l'abito e tornare al mondo.

Avea costui già preso per usanza, secondo che gli avea insegnato il suo maestro, qualunque ora egli passava dinanzi all'altare del convento, nel quale si conservava il corpo di Cristo, d'inginocchiarsi con gran riverenza e trarsi il cappuccio e colle braccia cancellate inchinarsi. Addivenne che la notte, nella quale si dovea partire e uscire dell'Ordine, convenne ch' e' passasse dinanzi all'altare del convento; e passandovi secondo l'usanza s'inginocchiò e fece riverenza. E subitamente fu ratto in ispirito, e fugli mostrata da Dio maravigliosa visione; imperò che vide dinanzi a sé quasi moltitudine infinita di santi a modo di processione a due a due, vestiti di bellissimi e preziosi vestimenti di drappi, e la faccia loro e le mani risplendeano come il sole, e andavano con canti e con suoni d'agnoli; fra' quali santi erano due più nobilemente vestiti e adorni che tutti gli altri, ed erano attorniati di tanta chiarezza, che grandissimo stupore davano a chi li riguardava; e quasi nel fine della processione, vide uno adornato di tanta gloria, che parea cavaliere novello, più onorato che gli altri. Vedendo questo giovane la detta visione, si maravigliava e non sapea che quella processione si volesse dire, e non era ardito di domandarne e istava stupefatto per dolcezza. Essendo nientedimento passata tutta la processione, costui pure prende ardire e corre dritto agli ultimi e con grande timore li domanda dicendo: "O carissimi, io vi priego che vi piaccia di dirmi chi sono quelli così maravigliosi, i quali sono in questa processione così venerabile". Rispondono costoro: "Sappi, figliuolo, che noi siamo tutti frati Minori, li quali veniamo ora della gloria di paradiso". E così costui domanda: "Chi sono quelli due che risplendono più che gli altri?". Rispondono costoro: "Questi sono santo Francesco e santo Antonio, e quello ultimo che tu vedesti così onorato, è uno santo frate che morì nuovamente; il quale però che valentemente conbattette contro alle tentazioni e perseverò insino alla fine, noi il meniamo con trionfo alla gloria di paradiso. E questi vestimenti di drappi così belli che noi portiamo, ci sono dati da Dio in iscambio delle aspre toniche le quali noi pazientemente portavamo nella religione, e la gloriosa chiarità che tu vedi in noi, ci è data da Dio per la umiltà e pazienza e per la santa povertà e obbedienza e castità, le quali noi servammo insino alla fine. E però, figliuolo, non ti sia duro portare il sacco della religione così fruttuoso, però che se col sacco di santo Francesco per lo amore di Cristo tu disprezzerai il mondo e mortificherai la carne e contro al demonio combatterai valentemente, tu avrai insieme con noi simile vestimento e chiarità di gloria". E dette queste parole, il giovane tornò in se medesimo, e confortato della visione, cacciò da sé ogni tentazione. Riconobbe la colpa sua dinanzi al guardiano e alli frati; e da indi innanzi desiderò l'asprezza della penitenza e de' vestimenti, e finì la vita sua nell'Ordine in grande santità.

A laude di Gesù Cristo e del poverello Francesco. Amen.

21

Del santissimo miracolo che fece santo Francesco, quando convertì il ferocissirno lupo d'Agobbio.

Al tempo che santo Francesco dimorava nella città di Agobbio nel contado di Agobbio appari un lupo grandissimo, terribile e feroce, il quale non solamente divorava gli animali ma eziandio gli uomini, in tanto che tutti i cittadini stavano in gran paura, però che spesse volte s'appressava alla città, e tutti andavano armati quando uscivano della città, come s'eglino andassono a combattere; e con tutto ciò non si poteano difendere da lui, chi in lui si scontrava solo. E per paura di questo lupo e' vennono a tanto, che nessuno era ardito d'uscire fuori della terra.

Per la qual cosa avendo compassione santo Francesco agli uomini della terra, sì volle uscire fuori a questo lupo, bene che li cittadini al tutto non gliel consigliavano; e facendosi il segno della santissima croce, uscì fuori della terra egli co' suoi compagni, tutta la sua confidanza ponendo in Dio. E dubitando gli altri di andare più oltre, santo Francesco prese il cammino inverso il luogo dove era il lupo. Ed ecco che, vedendo molti cittadini li quali erano venuti a vedere cotesto miracolo, il detto lupo si fa incontro a santo Francesco, con la bocca aperta; ed appressandosi a lui, santo Francesco gli fa il segno della croce, e chiamollo a sé e disse così: "Vieni qui, frate lupo, io ti comando dalla parte di Cristo che tu non facci male né a me né a persona". Mirabile cosa a dire! Immantanente che santo Francesco ebbe fatta la croce, il lupo terribile chiuse la bocca e ristette di correre: e fatto il comandamento, venne mansuetamente come agnello, e gittossi alli piedi di santo Francesco a giacere. E santo Francesco gli parlò così:

"Frate lupo, tu fai molti danni in queste partì, e hai fatti grandi malifici, guastando e uccidendo le creature di Dio sanza sua licenza; e non solamente hai uccise e divorate le bestie, ma hai avuto ardire d'uccidere uomini fatti alla immagine di Dio; per la qual cosa tu se' degno delle forche come ladro e omicida pessimo, e ogni gente grida e mormora di te, e tutta questa terra t'è nemica. Ma io voglio, frate lupo, far la pace fra te e costoro, sicché tu non gli offenda più, ed eglino ti perdonino ogni passata offesa, e né li omini né li canti ti perseguitino più". E dette queste parole, il lupo con atti di corpo e di coda e di orecchi e con inchinare il capo mostrava d'accettare ciò che santo Francesco dicea e di volerlo osservare. Allora santo Francesco disse: "Frate lupo, poiché ti piace di fare e di tenere questa pace, io ti prometto ch'io ti farò dare le spese continuamente, mentre tu viverai, dagli uomini di questa terra, sicché tu non patirai più fame; imperò che io so bene che per la fame tu hai fatto ogni male. Ma poich'io t'accatto questa grazia, io voglio, frate lupo, che tu mi imprometta che tu non nocerai a nessuna persona umana né ad animale, promettimi tu questo?". E il lupo, con inchinate di capo, fece evidente segnale che 'l prometteva. E santo Francesco sì dice: "Frate lupo, io voglio che tu mi facci fede di questa promessa, acciò ch'io me ne possa bene fidare". E distendendo la mano santo Francesco per ricevere la sua fede, il lupo levò su il piè ritto dinanzi, e dimesticamente lo puose sopra la mano di santo Francesco, dandogli quello segnale ch'egli potea di fede.

E allora disse santo Francesco: "Frate lupo, io ti comando nel nome di Gesù Cristo, che tu venga ora meco sanza dubitare di nulla, e andiamo a fermare questa pace al nome di Dio". E il lupo ubbidiente se ne va con lui a modo d'uno agnello mansueto, di che li cittadini, vedendo questo, fortemente si maravigliavano. E subitamente questa novità si seppe per tutta la città, di che ogni gente maschi e femmine, grandi e piccoli, giovani e vecchi, traggono alla piazza a vedere il lupo con santo Francesco. Ed essendo ivi bene raunato tutto 'l popolo, levasi su santo Francesco e predica loro dicendo, tra l'altre cose, come per li peccati Iddio permette cotali cose e pestilenze, e troppo è più pericolosa la fiamma dello inferno la quale ci ha a durare eternalemente alli dannati, che non è la rabbia dello lupo, il quale non può uccidere se non il corpo: "quanto è dunque da temere la bocca dello inferno, quando tanta moltitudine tiene in paura e in tremore la bocca d'un piccolo animale. Tornate dunque, carissimi, a Dio e fate degna penitenza de' vostri peccati, e Iddio vi libererà del lupo nel presente e nel futuro dal fuoco infernale". E fatta la predica, disse santo Francesco: "Udite, fratelli miei: frate lupo, che è qui dinanzi da voi, sì m'ha promesso, e fattomene fede, di far pace con voi e di non offendervi mai in cosa nessuna, e voi gli promettete di dargli ogni dì le cose necessarie; ed io v'entro mallevadore per lui che 'l patto della pace egli osserverà fermamente". Allora tutto il popolo a una voce promise di nutricarlo continuamente. E santo Francesco, dinanzi a tutti, disse al lupo: "E tu, frate lupo, prometti d'osservare a costoro il patto della pace, che tu non offenda né gli uomini, né gli animali né nessuna creatura?". E il lupo inginocchiasi e inchina il capo e con atti mansueti di corpo e di coda e d'orecchi dimostrava, quanto è possibile, di volere servare loro ogni patto. Dice santo Francesco: "Frate lupo, io voglio che come tu mi desti fede di questa promessa fuori della porta, così dinanzi a tutto il popolo mi dia fede della tua promessa, che tu non mi ingannerai della mia promessa e malleveria ch'io ho fatta per te". Allora il lupo levando il piè ritto, sì 'l puose in mano di santo Francesco. Onde tra questo atto e gli altri detti di sopra fu tanta allegrezza e ammirazione in tutto il popolo, sì per la divozione del Santo e sì per la novità del miracolo e sì per la pace del lupo, che tutti incominciarono a gridare al cielo, laudando e benedicendo Iddio, il quale si avea loro mandato santo Francesco, che per li suoi meriti gli avea liberati dalla bocca della crudele bestia.

E poi il detto lupo vivette due anni in Agobbio, ed entravasi dimesticamente per le case a uscio a uscio, sanza fare male a persona e sanza esserne fatto a lui; e fu nutricato cortesemente dalla gente, e andandosi così per la terra e per le case, giammai nessuno cane gli abbaiava drieto. Finalmente dopo due anni frate lupo sì si morì di vecchiaia, di che li cittadini molto si dolsono, imperò che veggendolo andare così mansueto per la città, si raccordavano meglio della virtù e santità di santo Francesco.

A laude di Gesù Cristo e del poverello Francesco. Amen.

22

Come santo Francesco dimesticò le tortole salvatiche.

Un giovane aveva preso un dì molte tortole, e portavale a vendere. Iscontrandosi in lui santo Francesco, il quale sempre avea singolare pietà agli animali mansueti, riguardando quelle tortole con l'occhio pietoso, disse al giovane: "O buono giovane, io ti priego che tu me le dia, e che uccelli così innocenti le quali nella Scrittura sono assomigliate all'anime caste e umili e fedeli, non vengano alle mani de' crudeli che gli uccidano". Di subito colui, ispirato da Dio, tutte le diede a santo Francesco: ed egli ricevendole in grembo, cominciò a parlare loro dolcemente: "O sirocchie mie, tortole semplici, innocenti, caste, perché vi lasciate voi pigliare? Or ecco io vi voglio scampare da morte e farvi i nidi, acciò che voi facciate frutto e multiplichiate secondo i comandamenti del nostro Creatore".

E va santo Francesco e a tutte fece nido. Ed ellenò, usandosi cominciarono a fare uova e figliare dinanzi alli frati, e così dimesticamente si stavano e usavano con santo Francesco e con gli altri frati, come se fussono state galline sempre nutricate da loro. E mai non si partirono, insino che santo Francesco con la sua benedizione diede loro licenza di partirsi.

E al giovane, che gliele aveva date, disse santo Francesco: "Figliuolo, tu sarai ancora frate in questo Ordine e servirai graziosamente a Gesù Cristo". E così fu, imperò che 'l detto giovane si fece frate e vivette nel detto Ordine con grande santità.

A laude di Gesù Cristo e del poverello Francesco. Amen.

23

Come santo Francesco liberò un frate ch'era in peccato col demonio.

Stando santo Francesco una volta in orazione nel luogo della Porziuncola, vide per divina revelazione tutto il luogo attorniato e assediato dalli demoni a modo che di grande esercito; ma nessuno loro potea entrare dentro nel luogo, imperò che questi frati erano di tanta santità, che li demonii non aveano a cui entrare dentro. Ma perseverando così, un di uno di que' frati si scandalezzò con un altro e pensava nel cuor suo come lo potesse accusare e vendicarsi di lui. Per la qual cosa, istando costui in questo mal pensiero, il demonio, avendo l'entrata aperta entrò nel luogo, e ponsi in sul collo di quello frate. Veggendo ciò io pietoso e sollecito pastore, lo quale vegghiava sempre sopra le sue greggie, che il lupo si era entrato a divorare la pecorella sua, fece subitamente chiamare a sé quel frate, e comandògli che di presente e' dovesse iscoprire lo veleno dell'odio conceputo contro al prossimo, per lo quale egli era nelle mani del nimico. Di che colui impaurito, che si vedea compreso dal padre santo, si scoperse ogni veleno e rancore e riconobbe la colpa sua, e domandonne umilmente la penitenza con misericordia. E fatto ciò, assoluto che fu dal peccato e ricevuto la penitenza, subito dinanzi a santo Francesco il demonio si partì, e 'l frate così liberato delle mani della bestia crudele, per la bontà del buono pastore, sì ringraziò Iddio, e ritornando corretto e ammaestrato alla gregge del santo pastore, esso vivette poi in grande santità.

A laude di Gesù Cristo e del poverello Francesco. Amen.

24

Come santo Francesco convertì alla fede il Soldano di Babilonia e la meretrice che lo richiese di peccato.

Santo Francesco istigato dallo zelo della fede di Cristo e dal desiderio del martirio, andò una volta oltremare con dodici suoi compagni santissimi, ritti per andare al Soldano di Babilonia. E giugnendo in alcuna contrada di Saracini, ove si guardavano i passi da certi sì crudeli uomini, che nessuno de' cristiani, che vi passasse, potea iscampare che non fosse morto: e come piacque a Dio non furono morti, ma presi, battuti e legati furono e menati dinanzi al Soldano. Ed essendo dinanzi a lui santo Francesco, ammaestrato dallo Spirito Santo predicò sì divinamente della fede di Cristo, che eziandio per essa fede egli voleano entrare nel fuoco. Di che il Soldano cominciò avere grandissima divozione in lui, sì per la costanza della fede sua, sì per lo dispregio del mondo che vedea in lui, imperò che nessuno dono volea da lui ricevere, essendo poverissimo, e sì eziandio per lo fervore del martirio, il quale in lui vedeva. Da quel punto innanzi il Soldano l'udiva volentieri, e pregollo che spesse volte tornasse a lui, concedendo liberamente a lui e a' compagni ch'eglino potessono predicare dovunque e' piacesse a loro. E diede loro un segnale, per lo quale egli non potessono essere offesi da persona.

Avuta adunque questa licenza così libera, santo Francesco mandò quelli suoi eletti compagni a due a due in diverse partì di Saracini a predicare la fede di Cristo; ed egli con uno di loro elesse una contrada, alla quale giugnendo entrò in uno albergo per posarsi. Ed ivi si era una femmina bellissima del corpo ma sozza dell'anima, la quale femmina maldetta richiese santo Francesco di peccato. E dicendole santo Francesco: "Io accetto, andiamo a letto"; ed ella lo menava in camera. E disse santo Francesco: "Vieni con meco, io ti menerò a uno letto bellissimo". E menolla a uno grandissimo fuoco che si facea in quella casa; e in fervore di spirito si spoglia ignudo, e gittasi allato a questo fuoco in su lo spazzo affocato, e invita costei che ella si spogli e vada a giacersi con lui in quello letto ispiumacciato e bello. E istandosi così santo Francesco per grande ispazio con allegro viso, e non ardendo né punto abbronzando, quella femmina per tale miracolo ispaventata e compunta nel cuor suo, non solamente sì si penté del peccato e della mala intenzione, ma eziandio si convertì perfettamente alla fede di Cristo, e diventò di tanta santità, che per lei molte anime si salvarono in quelle contrade.

Alla perfine, veggendosi santo Francesco non potere fare più frutto in quelle contrade, per divina revelazione sì dispuose con tutti li suoi compagni di ritornare tra i fedeli; e raunatili tutti insieme, ritornò al Soldano e prendette commiato da lui. E allora gli disse il Soldano: "Frate Francesco, io volentieri mi convertirei alla fede di Cristo, ma io temo di farlo ora: imperò che, se costoro il sentissino, eglino ucciderebbono te e me con tutti li tuoi compagni, e conciò sia cosa che tu possa ancora fare molto bene, e io abbia a spacciare certe cose di molto grande peso, non voglio ora inducere la morte tua e la mia; ma insegnami com'io mi possa salvare: io sono apparecchiato a fare ciò che tu m'imponi". Disse allora santo Francesco: "Signore, io mi parto ora da voi, ma poi ch'io sarò tornato in mio paese e ito in cielo, per la grazia di Dio, dopo la morte mia, secondo che piacerà a Dio, ti manderò due de' miei frati da' quali tu riceverai il santo battesimo di Cristo, e sarai salvo, siccome m'ha rivelato il mio Signore Gesù Cristo. E tu in questo mezzo ti sciogli d'ogni impaccio, acciò che quando verrà a te la grazia di Dio, ti muovi apparecchiato a fede e divozione". E così promise di fare e fece.

Fatto questo, santo Francesco torna con quello venerabile collegio de' suoi compagni santi; e dopo alquanti anni santo Francesco per morte corporale rendé l'anima a Dio. E 'l Soldano infermando si aspetta la promessa di santo Francesco, e fa istare guardie a certi passi, e comanda che se due frati v'apparissono in abito di santo Francesco, di subito fussino menati a lui. In quel tempo apparve santo Francesco a due frati e comandò loro che sanza indugio andassono al Soldano e procurino la sua salute, secondo che gli avea promesso. Li quali frati subito si mossono, e passando il mare, dalle dette guardie furono menati al Soldano. E, veggendoli, il Soldano ebbe grandissima allegrezza e disse: "Ora so io veramente che Iddio ha mandato a me li servi suoi per la mia salute, secondo la promessa che mi fece santo Francesco per revelazione divina". Ricevendo adunque informazione della fede di Cristo e 'l santo battesimo dalli detti frati, così ringenerato in Cristo sì morì in quella infermità e fu salva l'anima sua per meriti e per orazioni di santo Francesco.

A laude di Gesù Cristo e del poverello Francesco. Amen.

25

Come santo Francesco miracolosamente sanò il lebbroso dell'anima e del corpo, e quel che l'anima gli disse andando in cielo.

Il vero discepolo di Cristo messer santo Francesco, vivendo in questa miserabile vita, con tutto il suo isforzo s'ingegnava di seguitare Cristo perfetto maestro: onde addivenia ispesse volte per divina operazione, che a cui egli sanava il corpo, Iddio gli sanava l'anima a una medesima ora, siccome si legge di Cristo. E però ch'egli non solamente servia alli lebbrosi volentieri, ma oltre a questo avea ordinato che li frati del suo Ordine, andando o stando per lo mondo, servissono alli lebbrosi per lo amore di Cristo, il quale volle per noi essere riputato lebbroso; addivenne una volta, in uno luogo presso a quello dove dimorava allora santo Francesco, li frati servivano in uno ispedale a' lebbrosi infermi: nel quale era uno lebbroso sì impaziente e sì incomportabile e protervo, ch'ogni uno credeva di certo e così era, che fusse invasato del dimonio, imperò ch'egli isvillaneggiava di parole e di battiture sì sconciamente chiunque lo serviva, e, ch'è peggio, ch'egli vituperosamente bestemmiava Cristo benedetto e la sua santissima madre Vergine Maria, che per nessuno modo si trovava chi lo potesse o volesse servire. E avvegna che le ingiurie e villanie proprie i frati studiassono di portare pazientemente per accrescere il merito della pazienza; nientedimeno quelle di Cristo e della sua Madre non potendo sostenere le coscienze loro, al tutto diterminarono d'abbandonare il detto lebbroso: ma non lo vollono fare insino a tanto ch'eglino il significarono ordinatamente a santo Francesco, il quale dimorava allora in uno luogo quivi presso.

E significato che gliel'ebbono, e santo Francesco se ne viene a questo lebbroso perverso; e giugnendo a lui, sì lo saluta dicendo: "Iddio ti dia pace, fratello mio carissimo". Risponde il lebbroso: "Che pace posso io avere da Dio, che m'ha tolto pace e ogni bene, e hammi fatto tutto fracido e putente?". E santo Francesco disse: "Figliuolo, abbi pazienza, imperò che le infermità de' corpi ci sono date da Dio in questo mondo per salute dell'anima, però ch'elle sono di grande merito, quand'elle sono portate pazientemente". Risponde lo infermo: "E come poss'io portare pazientemente la pena continova che m'affligge il di e la notte? E non solamente io sono afflitto dalla infermità mia, ma peggio mi fanno i frati che tu mi desti perché mi servissono, e non mi servono come debbono". Allora santo Francesco, conoscendo per rivelazione che questo lebbroso era posseduto da maligno spirito, andò e posesi in orazione e pregò Iddio divotamente per lui.

E fatta l'orazione, ritorna a lui e dice così: "Figliuolo, io ti voglio servire io, da poi che tu non ti contenti degli altri". "Piacemi, dice lo 'nfermo: ma che mi potrai tu fare più che gli altri?" Risponde santo Francesco: "Ciò che tu vorrai, io farò". Dice il lebbroso: "Io voglio che tu mi lavi tutto quanto, imperò ch'io puto si fortemente' ch'io medesimo non mi posso patire". Allora santo Francesco di subito fece iscaldare dell'acqua con molte erbe odorifere, poi sì spoglia costui e comincia a lavarlo colle sue mani, e un altro frate metteva su l'acqua. E per divino miracolo, dove santo Francesco toccava con le sue mani, si partiva la lebbra e rimaneva la carne perfettamente sanata. E come s'incominciò la carne a sanicare, così s'incominciò a sanicare l'anima: onde veggendosi il lebbroso cominciare a guarire, cominciò ad avere grande compunzione e pentimento de' suoi peccati, e cominciò a piagnere amarissimamente; sicché mentre che 'l corpo si mondava di fuori della lebbra per lo lavamento dell'acqua, l'anima si mondava dentro del peccato per contrizione e per le lagrime.

Ed essendo compiutamente sanato quanto al corpo e quanto all'anima, umilmente si rendette in colpa e dicea piagnendo ad alta voce: "Guai a me, ch'io sono degno dello inferno per le villanie e ingiurie ch'io ho fatte e dette a' frati, e per la impazienza e bestemmie ch'io ho avute contro a Dio". Onde per quindici dì perseverò in amaro pianto de' suoi peccati e in chiedere misericordia a Dio, confessandosi al prete interamente. E santo Francesco veggendo così espresso miracolo, il quale Iddio avea adoperato per le sue mani, ringraziò Iddio e partissi indi, andando in paesi assai di lunge; imperò che per umiltà volea fuggire ogni gloria e in tutte le sue operazioni solo cercava l'onore e la gloria di Dio e non la propria.

Poi com'a Dio piacque, il detto lebbroso sanato del corpo e dell'anima, dopo quindici dì della sua penitenza, infermò d'altra infermità: e armato delli Sacramenti ecclesiastici sì si morì santamente. E la sua anima, andando in paradiso, apparve in aria a santo Francesco che si stava in una selva in orazione, e dissegli: "Riconoscimi tu?". "Qual se' tu?", disse santo Francesco. "Io sono il lebbroso il quale Cristo benedetto sanò per li tuoi meriti, e oggi me ne vo a vita eterna; di che io rendo grazie a Dio e a te. Benedetta sia l'anima e 'l corpo tuo, e benedette le tue sante parole e operazioni, imperò che per te molte anime si salveranno nel mondo. E sappi che non è dì nel mondo, nel quale li santi Agnoli e gli altri santi non ringrazino Iddio de' santi frutti che tu e l'Ordine tuo fate in diverse partì del mondo; e però confortati e ringrazia Iddio, e sta' con la sua benedizione". E dette queste parole, se n'andò in cielo; e santo Francesco rimase molto consolato.

A laude di Gesù Cristo e del poverello Francesco. Amen.

26

Come santo Francesco convertì tre ladroni micidiali e fecionsi frati; e della nobilissima visione che vide l'uno di loro, il quale fu santissimo frate.

Santo Francesco andò una volta per lo diserto del Borgo a Santo Sipolcro e passando per uno castello che si chiama Monte Casale, venne a lui un giovane nobile e delicato e dissegli: "Padre, io vorrei molto volentieri essere de' vostri frati". Risponde santo Francesco: "Figliuolo tu se' giovane e delicato e nobile; forse tu non potresti sostenere la povertà e l'asprezza nostra". Ed egli disse: "Padre, non siete voi uomini com'io? Dunque come la sostenete voi, così potrò io con la grazia di Cristo". Piacque molto a santo Francesco quella risposta; di che benedicendolo, immantanente lo ricevette all'Ordine e puosegli nome frate Agnolo. E portossi questo giovane così graziosamente, che ivi a poco tempo santo Francesco il fece guardiano nel luogo detto di Monte Casale.

In quello tempo usavano nella contrada tre nominati ladroni, li quali faceano molti mali nella contrada, li quali vennono un dì al detto luogo de' frati e pregavano il detto frate Agnolo guardiano che desse loro da mangiare. E 'l guardiano rispuose loro in questo modo, riprendendoli aspramente: "Voi, ladroni e crudeli e omicidi, non vi vergognate di rubare le fatiche altrui; ma eziandio, come presuntuosi e isfacciati, volete divorare le limosine che sono mandate alli servi di Dio, che non siete pure degni che la terra vi sostenga, però che voi non avete nessuna reverenza né a uomini né a Dio che vi creò: andate adunque per li fatti vostri, e qui non apparite più". Di che coloro turbati, partirono con grande sdegno.

Ed ecco santo Francesco tornare di fuori con la tasca del pane e con un vaselletto di vino ch'egli e 'l compagno aveano accattato, e recitandogli il guardiano com'egli avea cacciato coloro, santo Francesco fortemente lo riprese, dicendo che s'era portato crudelmente, "impero ch'elli meglio si riducono a Dio con dolcezza che con crudeli riprensioni; onde il nostro maestro Gesù Cristo, il cui evangelo noi abbiamo promesso d'osservare, dice che non è bisogno a' sani il medico ma agli infermi, e che non era venuto a chiamare li giusti ma li peccatori a penitenze, e però ispesse volte egli mangiava con loro. Conciò sia cosa adunque che tu abbi fatto contra alla carità e contro al santo evangelo di Cristo, io ti comando per santa obbedienza, che immantanente tu sì prenda questa tasca del pane ch'io ho accattato e questo vasello del vino, e va' loro dietro sollecitamente per monti e per valli tanto che tu li truovi, e presenta loro tutto questo pane e questo vino per mia parte; e poi t'inginocchia loro dinanzi e di' loro umilmente tua colpa della crudeltà tua, e poi li priega da mia parte che non facciano più male, ma temano Iddio e non offendano il prossimo; e s'egli faranno questo, io prometto di provvederli nelli loro bisogni e di dare loro continuamente e da mangiare e da bere. E quando tu arai detto loro questo, ritornati in qua umilmente." Mentre che il detto guardiano andò a fare il comandamento di santo Francesco, ed egli si puose in orazione e pregava Iddio ch'ammorbidasse i cuori di quelli ladroni e convertisseli a penitenza.

Giugne loro l'ubbidiente guardiano ed appresenta loro il pane e 'l vino, e fa e dice ciò che santo Francesco gli ha imposto. E, come piacque a Dio, mangiando que' ladroni la limosina di santo Francesco, cominciarono a dire insieme: "Guai a noi miseri isventurati! E come dure pene dello inferno ci aspettiamo, i quali andiamo non solamente rubando li prossimi e battendo e ferendo, ma eziandio uccidendo; e nientedimeno di tanti mali e così scellerate cose, come noi facciamo, noi non abbiamo nessuno rimordimento di coscienza né timore di Dio. Ed ecco questo frate santo, ch'è venuto a noi per parecchie parole che ci disse giustamente per la nostra malizia, ci ha detto umilemente sua colpa e oltre a ciò ci ha recato il pane e lo vino e così liberale promessa del santo padre. Veramente questi si sono frati santi di Dio li quali meritano paradiso di Dio, e noi siamo figliuoli della eternale perdizione, li quali meritiamo le pene dello inferno, e ogni indì accresciamo alla nostra perdizione, e non sappiamo se de' peccati che abbiamo fatti insino qui noi potremo tornare alla misericordia di Dio". Queste e somiglianti parole dicendo l'uno di loro, dissono gli altri due: "Per certo tu di' il vero; ma ecco che dobbiamo noi fare?". "Andiamo, disse costui, a santo Francesco, e s'egli ci dà speranza che noi possiamo tornare a misericordia di Dio de' nostri peccati, facciamo ciò ch'e' ci comanda, e possiamo liberare le nostre anime dalle pene dello inferno."

Piacque questo consiglio agli altri; e così tutti e tre accordati se ne vengono in fretta a santo Francesco e dicongli: "Padre, noi per molti iscellerati peccati che noi abbiamo fatti, noi non crediamo potere tornare alla misericordia di Dio; ma se tu hai nessuna isperanza che Iddio ci riceva a misericordia, ecco che noi siamo apparecchiati a fare ciò che tu ci dirai e di fare penitenza teco". Allora santo Francesco ricevendoli caritativamente e con benignità, sì li confortò con molti esempi e, rendendoli certi della misericordia di Dio, promise loro di certo d'accattarla loro da Dio e mostrando loro la misericordia di Dio essere infinita: "e se noi avessimo infiniti peccati, ancora la misericordia divina è maggiore ch'e' nostri peccati, secondo il Vangelo, e lo apostolo santo Paulo disse: *Cristo benedetto venne in questo mondo per ricomperare li peccatori.* Per quali parole e simiglianti ammaestramenti, li detti tre ladroni renunziarono al dimonio e alle sue opere, e santo Francesco li ricevette all'Ordine, e cominciarono a fare grande penitenza; e due di loro poco vissono dopo la loro conversione e andaronsi a Paradiso. Ma il terzo sopravvivendo e ripensando alli suoi peccati, si diede a fare tale penitenza, che per quindici anni continovi, eccetto le quaresime comuni, le quali egli facea con gli altri frati, d'altro tempo sempre tre dì la settimana digiunava in pane e in acqua, e andando sempre scalzo e con una sola tonica indosso, e mai non dormia dopo Mattutino.

Fra questo tempo santo Francesco passò di questa misera vita. E avendo dunque costui per molti anni continovato cotale penitenza, ecco ch'una notte dopo 'l Mattutino, gli venne tanta tentazione di sonno, che per nessuno modo egli potea resistere al sonno e vegghiare come soleva. Finalmente, non potendo egli resistere al sonno né orare, andossene in sul letto per dormire; e subito com'egli ebbe posto giù il capo, fu ratto e menato in ispirito in su uno monte altissimo, al quale era una ripa profondissima, e di qua e di là sassi ispezzati e ischeggiosi e iscogli disuguali ch'uscivano fuori de' sassi; di che infra questa ripa era pauroso aspetto a riguardare. E l'Agnolo che menava questo frate sì lo sospinse e gittollo giù per quella ripa; il quale trabalzando e percotendo di scoglio in iscoglio e di sasso in sasso, alla perfine giunse al fondo di questa ripa, tutto smembrato e minuzzato, secondo che a lui parea. E giacendosi così male acconcio in terra, dicea colui che 'l menava: "Lieva su, che ti conviene fare ancora grande viaggio". Rispuose il frate: "Tu mi pari molto indiscreto e crudele uomo, che mi vedi per morire della caduta, che m'ha così ispezzato, e dimmi; lieva su!". E l'Agnolo s'accosta a lui e toccandolo gli salda perfettamente tutti li membri e sanalo. E poi gli mostra una grande pianura di pietre aguzzate e taglienti, e di spine e di triboli, e dicegli che per tutto questo piano gli conviene correre e passare a piedi ignudi infino che giunga al fine, nel quale e' vedea una fornace ardente nella quale gli convenia entrare.

E avendo il frate passato tutta la pianura con grande angoscia e pena, e l'Agnolo gli dice: "Entra in questa fornace, però che così ti conviene fare". Risponde costui: "Oime, quanto sei crudele guidatore, che mi vedi esser presso che morto per questa angosciosa pianura, e ora per riposo mi di' che io entri in questa fornace ardente". E ragguardando costui, vide intorno alla fornace molti demoni con le forche di ferro in mano, con le quali costui, perché indugiava d'entrare, sospinsono dentro subitamente. Entrato che fu nella fornace, ragguarda e vide uno ch'era stato suo compare, il quale ardeva tutto quanto. E costui il domanda: "O compare sventurato, e come venisti tu qua?". Ed egli risponde: "Va' un poco più innanzi e troverai la moglie mia, tua comare, la quale ti dirà la cagione della nostra dannazione". Andando il frate più oltre, eccoti apparire la detta comare tutta affocata, rinchiusa in una misura di grano tutta di fuoco; ed egli la domanda: "O comare isventurata e misera, perché venisti tu in così crudele tormento". Ed ella rispuose: "Imperò che al tempo della grande fame, la quale santo Francesco predisse dinanzi, il marito mio e io falsavamo il grano e la biada che noi vendevamo nella misura, e però io ardo stretta in questa misura".

E dette queste parole, l'Agnolo che menava il frate sì lo sospinse fuore della fornace, e poi gli disse: "Apparecchiati a fare uno orribile viaggio, il quale tu hai a passare". E costui rammaricandosi dicea: "O durissimo conduttore, il quale non m'hai nessuna compassione, tu vedi ch'io sono quasi tutto arso in questa fornace, e anche mi vuoi menare in viaggio pericoloso e orribile?". E allora l'Agnolo il toccò, e fecelo sano e forte; poi il menò ad uno ponte, il quale non si potea passare sanza grande pericolo, imperò ch'egli era molto sottile e stretto e molto isdrucciolente e sanza sponde d'allato, e di sotto passava un fiume terribile, pieno di serpenti e di dragoni e di scarpioni, e gittava uno grandissimo puzzo. E dissegli l'Agnolo: "Passa questo ponte, e al tutto te lo conviene passare" Risponde costui: "E come lo potrò io passare, ch'io non caggia in quello pericoloso fiume?". Dice l'Agnolo: "Vieni dopo me e poni il tuo piè dove tu vedrai ch'io porrò il mio, e così passerai bene" Passa questo frate dietro all'Agnolo, come gli avea insegnato, tanto che giunge a mezzo il ponte; ed essendo così in sul mezzo l'Agnolo si volò via e, partendosi da lui, se ne andò in su uno monte altissimo di là assai dal ponte. E costui considera bene il luogo dov'era volato l'Agnolo, ma rimanendo egli sanza guidatore e riguardando in giù vedea quegli animali tanto terribili istare con li capi fuori dell'acqua e con le bocche aperte, apparecchiati a divorarlo s'e' eadesse; ed era in tanto tremore, che per nessuno modo non sapea che si fare né che si dire, però che non potea tornare addietro né andare innanzi.

Onde veggendosi in tanta tribolazione e che non avea altro refugio che solo in Dio, sì si inchinò e abbracciò il ponte e con tutto il cuore e con lagrime si raccomanda a Dio, che per la sua santissima misericordia il dovesse soccorrere. E fatta l'orazione, gli parve cominciare a mettere ale; di che egli con grande allegrezza aspettava ch'elle crescessono per potere volare di là dal ponte dov'era volato l'Agnolo. Ma dopo alcuno tempo, per la grande voglia ch'egli avea di passare questo ponte, si mise a volare; e perché l'alie non gli erano tanto cresciute, egli cadde in sul ponte e le penne gli caddono: di che costui da capo abbraccia il ponte e come prima raccomandasi a Dio. E fatta l'orazione, e anche gli parve di mettere ale; ma come in prima non aspettò ch'elle crescessono perfettamente, onde mettendosi a volare innanzi tempo, ricadde dal capo in sul ponte, e le penne gli caddono. Per la qual cosa, veggendo che per la fretta ch'egli avea di volare innanzi al tempo cadeva, così incominciò a dire fra se medesimo: "Per certo che se io metto alie la terza volta, ch'io aspetterò tanto ch'elle saranno sì grandi ch'io potrò volare senza ricadere". E stando in questi pensieri, ed egli Si vide la terza volta mettere ali; e aspetta grande tempo, tanto ch'ell'erano bene grandi; e pareali, per lo primo e secondo e terzo mettere ali, avere aspettato bene cento cinquanta anni o più. Alla perfine si lieva questa terza volta, con tutto il suo isforzo a volito, e volò insino al luogo dov'era volato l'Agnolo.

E bussando alla porta del palagio nel quale egli era, il portinaio il domanda: "Chi se' tu che se' venuto qua?". Rispuose: "Io son frate Minore". Dice il portinaio: "Aspettami ch'io sì ci voglio menare santo Francesco a vedere se ti conosce. Andando colui per santo Francesco, e questi comincia a sguardare le mura maravigliose di questo palagio; ed eccoti queste mura pareano tanto lucenti e di tanta chiarità, che vedea chiaramente li cori de' santi e ciò che dentro si faceva. E istando costui istupefatto in questo ragguardare, ecco venire santo Francesco e frate Bernardo e frate Egidio, e dopo santo Francesco tanta moltitudine di santi e di sante ch'aveano seguitato la via sua, che quasi pareano innumerabili. E giugnendo santo Francesco, disse al portinaio: "Lascialo entrare, imperò ch'egli è de' miei frati".

E sì tosto come e' vi fu entrato, e' sentì tanta consolazione e tanta dolcezza, che egli dimenticò tutte le tribulazioni ch'avea avute, come mai non fussino state. E allora santo Francesco menandolo per dentro sì gli mostrò molte cose maravigliose, e poi sì gli disse: "Figliuolo, e' ti conviene ritornare al mondo e starai sette dì, ne' quali tu sì ti apparecchi diligentemente con grande divozione, imperò che dopo li sette dì, io verrò per te, e allora tu ne verrai meco a questo luogo di beati". Ed era santo Francesco ammantato d'uno mantello maraviglioso, adornato di stelle bellissime, e le sue cinque stimate erano siccome cinque stelle bellissime e di tanto splendore, che tutto il palagio alluminavano con li loro raggi. E frate Bernardo avea in capo una corona di stelle bellissime, e frate Egidio era adornato di maraviglioso lume; e molti altri santi fra' tra loro conobbe, li quali al mondo non avea mai veduti Licenziato dunque da santo Francesco, sì si ritornò, benché mal volentieri, a mondo.

Destandosi e ritornando in sé e risentendosi, li frati suonavano a Prima, sicché non era stato in quella se non da Mattutino a Prima benché a lui fusse paruto istare molti anni. E recitando al guardiano suo questa visione per ordine, infra li sette dì si incominciò a febbricitare, e l'ottavo di venne per lui santo Francesco, secondo la promessa, con grandissima moltitudine di gloriosi santi, e menonne l'anima sua al regno de' beati, a vita eterna.

A laude di Gesù Cristo e del poverello Francesco. Amen.

27

Come santo Francesco convertì a Bologna due scolari, e fecionsi frati; e poi all'uno di loro levò una grande tentazione da dosso.

Giugnendo una volta santo Francesco alla città di Bologna, tutto il popolo della città correa per vederlo; ed era sì grande la calca della gente, che a grande pena potea giugnere alla piazza. Ed essendo tutta la piazza piena d'uomini e di donne e di scolari, e santo Francesco si leva suso nel mezzo del luogo, alto, e comincia a predicare quello che lo Spirito Santo gli toccava. E predicava sì maravigliosamente, che parea piuttosto che predicasse Agnolo che uomo, e pareano le sue parole celestiali a modo che saette acute, le quali trapassavano sì il cuore di coloro che lo udivano, che in quella predica grande moltitudine di uomini e di donne si convertirono a penitenza.

Fra li quali si furono due nobili studianti della Marca d'Ancona; e l'uno avea nome Pellegrino e l'altro Rinieri; i quali due per la detta predica toccati nel cuore dalla divina ispirazione, vennono a santo Francesco, dicendo ch'al tutto voleano abbandonare il mondo ed essere de' suoi frati. Allora santo Francesco, conoscendo per nvelazione che costoro erano mandati da Dio e che nello Ordine doveano tenere santa vita e considerando il loro grande fervore, li ricevette allegramente, dicendo a loro: "Tu, Pellegrino, tieni nell'Ordine la via dell'umiltà; e tu, frate Rinieri, servi a' frati". E così fu: imperò che frate Pellegrino mai non volle andare come chierico, ma come laico, benché fosse molto litterato e grande decretalista; per la quale umiltà pervenne in grande perfezione di virtù, in tanto che frate Bernardo, primogenito di santo Francesco, disse di lui ch'egli era uno de' più perfetti frati di questo mondo. E finalmente il detto frate Pellegrino, pieno di virtù passò di questa vita alla vita beata, con molti miracoli innanzi alla morte e dopo. E detto frate Rinieri divotamente e fedelmente serviva a' frati, vivendo in grande santità e umiltà; e diventò molto famigliare di san Francesco, e molti secreti gli rivelava santo Francesco. Essendo fatto ministro della Marca d'Ancona, ressela grande tempo in grandissima pace e discrezione.

Dopo alcuno tempo, Iddio gli permise una grandissima tentazione nell'anima sua; di che egli tribolato e angosciato, fortemente s'affligea con digiuni, con discipline e con lagrime e orazioni il dì e la notte, e non potea però cacciare quella tentazione; ma ispesse volte era in grande disperazione, imperò che per essa si riputava abbandonato da Dio. Istando in questa disperazione, per ultimo rimedio si determinò d'andare a santo Francesco, pensando così: Se santo Francesco mi mostrerà buono viso, e mostrerammi famigliarità, sì come si suole, io credo che Iddio m'averà ancor pietà, ma se non, sarà segnale ch'io sarò abbandonato da Dio". Muovesi adunque costui e va a santo Francesco.

Il quale in quel tempo era nel pelagio del vescovo d'Ascesi, gravemente infermo; e Iddio gli rivelò tutto il modo della tentazione e della disperazione del detto frate Rinieri e 'l suo proponimento e 'l suo venire. E immantanente santo Francesco chiama frate Lione e frate Masseo, e dice loro: "Andate tosto incontro al mio figliuolo carissimo frate Rinieri, e abbracciatelo da mia parte, e salutatelo e ditegli che tra tutti i frati che sono nel mondo io amo lui singolarmente". Vanno costoro e trovano per la via frate Rinieri e abbraccianlo, dicendogli ciò che santo Francesco aveva loro imposto. Onde tanta consolazione e dolcezza gli fu nell'anima, che quasi egli usci di sé; e ringraziando Iddio con tutto il cuore, andò e giunse al luogo dove santo Francesco giaceva infermo. E benché santo Francesco fusse gravemente infermo, nientedimeno sentendo venire frate Rinieri si levò e feceglisi incontro e abbracciollo dolcissimamente e sì gli disse: "Figliuolo mio carissimo, frate Rinieri, tra tutti i frati che sono nel mondo io amo te singularmente". E detto questo, gli fece il segno della santissima croce nella sua fronte e ivi il baciò e poi gli disse: "Figliuolo carissimo, questa tentazione t'ha permesso Iddio per tuo grande guadagno di merito; ma se tu non vuogli più questo guadagno, non l'abbi". E maravigliosa cosa! sì tosto come santo Francesco ebbe dette queste parole, subitamente si partì da lui ogni tentazione, come se mai in vita sua non l'avesse sentita, e rimase tutto consolato.

A laude di Gesù Cristo e del poverello Francesco. Amen.

28

D'uno rapimento che venne a frate Bernardo, ond'egli stette dalla mattina insino a nona ch'egli non si sentì

Quanta grazia Iddio facea ispesse volte a' poveri evangelici i quali abbandonavano il mondo per lo amore di Cristo, si dimostrò in frate Bernardo da Quintavalle, il quale, poi ch'ebbe preso l'abito di santo Francesco, sì era ratto ispessissime volte in Dio per contemplazione delle cose celestiali. Tra l'altre avvenne che una volta, essendo egli in chiesa ad udire la messa e stando con tutta la mente sospesa in Dio, diventò si assorto e ratto in contemplazione che, levandosi il Corpo di Cristo, non se ne avvide niente, né si inginocchiò, né si trasse il cappuccio, come facevano gli altri che v'erano, ma senza battere gli occhi, così fisso guatando, stette, dalla mattina insino a nona insensibile. E dopo nona ritornando in sé, sì andava per lo luogo gridando con voce ammirativa: "O frati! o frati! o frati! non è uomo in questa contrada sì grande né sì nobile, al quale si gli fosse promesso uno palagio bellissimo pieno d'oro, non gli fosse agevole di portare un sacco pieno di letame per guadagnare quello tesoro così nobile".

A questo tesoro celestiale, promesso agli amadori di Dio, fu frate Bernardo predetto sì elevato con la mente, che per quindici anni continovi sempre andò con la mente e con la faccia levata in cielo. E in quel tempo mai non si tolse fame alla mensa, benché mangiasse, di ciò che gli era posto innanzi, un poco; imperò ch'e' dicea che di quello che l'uomo non gusta, non fa perfetta astinenza ma la vera astinenza è temperarsi dalle cose che sanno buone alla bocca. E con questo venne ancora a tanta chiarità e lume d'intelligenza, che eziandio li grandi chierici ricorreano a lui per soluzioni di fortissime quistioni e di malagevoli passi della Scrittura; ed egli d'ogni difficoltà li dichiarava.

E imperò che la mente sua sì era al tutto sciolta e astratta delle cose terrene, egli a modo di rondine volava molto in alto per contemplazlone; onde alcuna volta venti dì, e alcuna volta trenta dì si stava solo in sulle cime de' monti altissimi contemplando le cose celestiali. Per la qual cosa diceva di lui frate Egidio che non era dato agli altri uomini questo dono ch'era dato a frate Bernardo di Quintavalle, cioè che volando si pascesse come la rondine. E per questa eccellente grazia ch'egli avea da Dio, santo Francesco volentieri e spesse volte sì parlava con lui di dì e di notte; onde alcuna volta furono trovati insieme, per tutta la notte, ratti in Dio nella selva, ove s'erano amendue raccolti a parlare con Dio.

A laude di Gesù Cristo e del poverello Francesco. Amen.

29

Come il demonio in forma di Crocifisso apparve più volte a frate Ruffino, dicendogli che perdea il bene che facea, però ch'egli non era degli eletti di vita eterna. Di che santo Francesco per rivelazione di Dio il seppe, e fece riconoscere a frate Ruffino il suo errore e ch'egli avea creduto.

Frate Ruffino, uno de' più nobili uomini d'Ascesi, compagno di santo Francesco, uomo di grande santità, fu uno tempo fortissimamente combattuto e tentato nell'anima dallo demonio della predestinazione, di che egli stava tutto malinconioso e tristo; imperò che l'demonio gli metteva pure in cuore ch'egli era dannato, e non era delli predestinati a vita eterna, e che sì perdeva ciò ch'egli faceva nell'Ordine. E durando questa tentazione più e più dì ed egli per vergogna non rivelandolo a santo Francesco, nientedimeno egli non lasciava l'orazioni e le astinenze usate; di che il nimico gli cominciò aggiugnere tristizia sopra tristizia; oltra alla battaglia dentro, di fuori combattendolo anche con false apparizioni

Onde una volta gli apparve in forma di Crocifisso e

dissegli: “O frate Ruffino, perché t'affliggi in penitenza e in orazione, con ciò sia cosa che tu non sia delli predestinati a vita eterna? E credimi, che io so ciò io ho eletto e predestinato, e non credere al figliuolo di Pietro Bernardoni, s'egli ti dicesse il contrario, e anche non lo domandare di cotesta materia, però che né egli né altri il sa, se non io che sono figliuolo di Dio; e però credimi per certo che tu se' del numero delli dannati; e 'l figliuolo di Pietro Bernardoni, tuo padre, e anche il padre suo sono dannati, e chiunque il seguita è ingannato”. E dette queste parole, frate Ruffino comincia a essere sì ottenebrato dal principe delle tenebre, che già perdeva ogni fede e amore ch'egli avea avuto a santo Francesco, e non si curava di dirgliene nulla.

Ma quello ch'al padre santo non disse frate Ruffino, rivelò lo Spirito Santo. Onde veggendo in ispirito santo Francesco tanto pericolo del detto frate, mandò frate Masseo per lui, al quale frate Ruffino rispuose rimbrottando: “Che ho io a fare con frate Francesco?”. E allora frate Masseo tutto ripieno di sapienza divina, conoscendo la fallanza del dimonio, disse: “O frate Ruffino, non sai tu che frate Francesco è come uno agnolo di Dio, il quale ha illuminate tante anime nel mondo e dal quale noi abbiamo avuto la grazia di Dio? Ond'io voglio ch'a ogni partito tu venga con meco a lui, imperò ch'io ti veggio chiaramente esser ingannato dal dimonio”. E detto questo, frate Ruffino si mosse e andò a santo Francesco.

E veggendolo dalla lunga santo Francesco venire, cominciò a gridare: “O frate Ruffino cattivello, a cui hai tu creduto?”. E giugnendo a lui frate Ruffino, egli sì gli disse per ordine tutta la tentazione ch'egli avea avuta dal demonio dentro e di fuori, e mostrandogli chiaramente che colui che gli era apparito era il demonio e non Cristo, e che per nessuno modo ei dovea acconsentire alle suggestioni: “ma quando il demonio ti dicesse più: Tu se' dannato, si gli rispondi: Apri la bocca; mo' vi ti caco. E questo ti sia segnale, ch'egli è il demonio e non Cristo, ché dato tu gli arai tale risposta, immantanente fuggirà. Anche a questo cotale dovevi tu ancora conoscere ch'egli era il demonio, imperò che t'indurò il cuore a ogni bene; la qual cosa è proprio suo ufficio: ma Cristo benedetto non indura mai il cuore dell'uomo fedele, anzi l'ammorbida secondo che dice per la bocca del profeta: lo vi *torrò il cuore di pietra e darovvi il cuore di carne*". Allora frate Ruffino, veggendo che frate Francesco gli diceva per ordine tutt'l modo della sua tentazione, compunto per le sue parole, cominciò a lagrimare fortissimamente e adorare santo Francesco e umilemente riconoscere la colpa sua in avergli celato la sua tentazione. E così rimase tutto consolato e confortato per gli ammonimenti del padre santo e tutto mutato in meglio. Poi finalmente gli disse santo Francesco: "Va' figliuolo, e confessati e non lasciare lo studio della orazione usata, e sappi per certo che questa tentazione ti sarà grande utilità e consolazione, e in breve il proverai".

Tornasi frate Ruffino alla cella sua nella selva, e standosi con molte lagrime in orazione, eccoti venire il nemico in persona di Cristo, secondo l'apparenza di fuori, e dicegli: "O frate Ruffino, non t'ho io detto che tu non gli creda al figliuolo di Pietro Bernardoni, e che tu non ti affatichi in lagrime e in orazioni, però che tu se' dannato? Che ti giova affligerti mentre tu se' vivo, e poi quando tu morrai sarai dannato?". E subitamente frate Ruffino risponde: "Apri la bocca; mo' vi ti caco". Di che il demonio isdegnato, immantanente si partì con tanta tempesta e commozione di pietre di monte Subasio ch'era in alto, che per grande spazio bastò il rovinio delle pietre che caddono giuso; ed era sì grande il percuotere che faceano insieme nel rotolare, che sfavillavano fuoco orribile per la valle; e al romore terribile ch'elle faceano, santo Francesco con li compagni con grande ammirazione uscirono fuori del luogo a vedere che novità fosse quella; e ancora vi si vede quella ruina grandissima di pietre. Allora frate Ruffino manifestamente s'avvide che colui era stato il demonio, il quale l'avea ingannato. E tornato a santo Francesco anche da capo, si gitta in terra e riconosce la colpa sua. Santo Francesco il riconforta con dolci parole e mandanelo tutto consolato alla cella

Nella quale standos'egli in orazione divotissimamente, Cristo benedetto gli apparve, e tutta l'anima sua gli riscaldò del divino amore, e disse: "Bene facesti, figliuolo che credesti a frate Francesco, però che colui che ti aveva contristato era il demonio. ma io sono Cristo tuo maestro, e per rendertene ben certo io ti do questo segnale, che mentre che tu viverai, non sentirai mai tristizia veruna né malinconia". E detto questo, si partì Cristo, lasciandolo con tanta allegrezza e dolcezza di spirito ed allevazione di mente, che 'l di e la notte era assorto e ratto in Dio

E d'allora innanzi fu sì confermato in grazia e in sicurtà della sua salute, che tutto diventò mutato in altro uomo, e sarebbesi stato il dì e la notte in orazione a contemplare le cose divine s'altri l'avesse lasciato stare. Onde dicea santo Francesco di lui, che frate Ruffino era in questa vita canonizzato da Cristo, e che, fuori che dinanzi da lui, egli non dubiterebbe di dire santo Ruffino, benché fusse ancora vivo in terra.

A laude di Gesù Cristo e del poverello Francesco. Amen.

30

Della bella predica che feceno in Ascesi santo Francesco e frate Ruffino, quando eglino predicarono ignudi.

Era il detto frate Ruffino, per continova contemplazione, sì assorto in Dio, che quasi insensibile e mutolo diventò, radissime volte parlava, e appresso non aveva la grazia né lo ardire né la facundia del predicare. E nientedimeno santo Francesco gli comandò una volta che egli andasse a Sciesi, e predicasse al popolo ciò che Iddio gli spirasse. Di che Frate Ruffino rispuose: "Padre reverendo, io ti priego che tu mi perdoni e non mi mandi; imperò che, come tu sai lo non ho la grazia del predicare e sono semplice e idiota" E allora disse santo Francesco: "Però che tu non hai ubbidito prestamente ti comando per santa obbidienza che ignudo come nascesti, colle sole brache, tu vada a Sciesi, ed entri in una chiesa così ignudo e predichi al popolo". A questo comandamento il detto frate Ruffino si spoglia, e vanne a Sciesi, ed entra in una chiesa, e fatta la riverenza allo altare, salette in sul pergamo e comincia a predicare. Della qual cosa li fanciulli e gli uomini cominciarono a ridere e diceano: "Or ecco che costoro fanno tanta penitenza, che diventano istolti e fuori di sé".

In questo mezzo santo Francesco, ripensando della pronta obbedienza di frate Ruffino, il quale era dei più gentili uomini d'Ascesi, ed al comandamento duro che gli avea fatto, cominciò a riprendere se medesimo dicendo: "Onde a te tanta prosunzione, figliuolo di Pietro Bernardoni, vile omicciuolo, a comandare a frate Ruffino, il quale è de' più gentili uomini d'Ascesi, che vada ignudo a predicare al popolo siccome pazzo? Per Dio, che tu proverai in te quello che tu comandi ad altri". E di subito in fervore di spirito si spoglia egli ignudo simigliantemente e vassene ad Ascesi, e mena seco frate Leone, che recasse l'abito suo e quello di frate Ruffino. E veggendolo similemente gli Ascesani, sì lo ischernirono, riputando ch'egli e frate Ruffino fussono impazzati per la troppa penitenza. Entra santo Francesco nella chiesa dove frate Ruffino predicava queste parole: "Carissimi, fuggite il mondo e lasciate il peccato; rendete l'altrui, se voi volete schifare lo 'nferno; servate li comandamenti di Dio, amando Iddio e 'l prossimo, se voi volete andare al cielo; fate penitenza, se voi volete possedere il reame del cielo" E allora santo Francesco monta in sul pergamo, ignudo, e cominciò a predicare così maravigliosamente dello dispregio del mondo, della penitenza santa, della povertà volontaria, del desiderio del reame celestiale e della ignudità e obbrobrio della passione del nostro Signore Gesù Cristo, che tutti quelli ch'erano alla predica, maschi e femmine in grande moltitudine, cominciarono a piagnere fortissimamente con mirabile divozione e compunzione di cuore; e non solamente ivi, ma per tutto Ascesi fu in quel dì tanto pianto della passione di Cristo, che mai non v'era stato somigliante.

E così edificato e consolato il popolo dello atto di santo Francesco e di frate Ruffino, santo Francesco rivestì frate Ruffino e sé, e così rivestiti si ritornarono al luogo della Porziuncola, lodando e glorificando Iddio ch'aveva loro data grazia di vincere se medesimi per dispregio di sé e edificare le pecorelle di Cristo con buono esempio, e dimostrare quanto è da dispregiare il mondo. E in quel dì crebbe tanto la divozione del popolo inverso di loro, che beato si reputava chi potea toccare loro l'orlo dell'abito.

A laude di Gesù Cristo e del poverello Francesco. Amen.

31

Come santo Francesco conosceva li segreti delle coscienze di tutti i suoi frati ordinatamente.

Siccome il nostro Signore Gesù Cristo dice nell'Evangelico: lo *conosco le mie pecorelle ed elleno conoscono me* ecc.; così il beato padre santo Francesco, come buono pastore, tutti li meriti e le virtù delli suoi compagni, per divina rivelazione sapea, e così conoscea i loro difetti; per la qual cosa egli sapea a tutti provvedere d'ottimo rimedio, cioè umiliando li superbi, esaltando gli umili, vituperando i vizi e laudando le virtù; siccome si legge nelle mirabili rivelazioni le quali egli avea di quella sua famiglia primitiva.

Fra le quali si truova ch'una volta, essendo santo Francesco con la detta famiglia in uno luogo in ragionamento di Dio, e frate Ruffino non essendo con loro in quello ragionamento ma era nella selva in contemplazione, procedendo in quello ragionare di Dio ecco frate Ruffino esce della selva e passò alquanto di lungi a costoro. Allora santo Francesco, veggendolo, si rivolse alli compagni e domandolli dicendo: "Ditemi, quale credete voi che sia la più santa anima, la quale Iddio abbia nel mondo?". E rispondendogli costoro, dissono che credeano che fusse la sua. E santo Francesco disse loro: "Carissimi frati, i' sono da me il più indegno e il più vile uomo che Iddio abbia in questo mondo ma vedete voi quel frate Ruffino il quale esce ora della selva? Iddio m'ha rivelato che l'anima sua è l'una delle tre più sante anime del mondo, e fermamente io vi dico che io non dubiterei di chiamarlo santo Ruffino in vita sua, con ciò sia cosa che l'anima sua sia confermata in grazia e santificata e canonizzata in cielo dal nostro Signore Gesù Cristo" E queste parole non diceva mai santo Francesco in presenza del detto frate Ruffino.

Similemente, come santo Francesco conoscesse li difetti de' frati suoi, sì si comprendé chiaramente in frate Elia, il quale spesse volte riprendea della sua superbia; e in frate Giovanni della Cappella al quale egli predisse che si dovea impiccare per la gola se medesimo e in quello frate al quale il demonio tenea stretta la gola quando era corretto della sua disubbidienza; e in molti altri frati, i cui difetti segreti e le virtù chiaramente conosceva per rivelazione di Cristo.

A laude di Gesù Cristo e del poverello Francesco. Amen.

32

Come frate Masseo impetrò da Cristo la virtù della santa umiltà.

I primi compagni di santo Francesco con tutto isforzo s'ingegnavano d'essere poveri delle cose terrene e ricchi di virtù, per le quali si perviene alle vere ricchezze celestiali ed eterne

Addivenne un dì che, essendo eglino raccolti insieme a parlare di Dio, l'uno di loro disse quest'esempio: "E' fu uno il quale era grande amico di Dio, e avea grande grazia di vita attiva e di vita contemplativa, e con questo avea sì eccessiva umiltà ch'egli si riputava grandissimo peccatore: la quale umiltà il santificava e confermava in grazia e facevalo continuamente crescere in virtù e doni di Dio, e mai non lo lasciava cadere in peccato". Udendo frate Masseo così maravigliose cose della umiltà e conoscendo ch'ella era un tesoro di vita eterna, cominciò ad essere sì infiammato d'amore e di desiderio di questa virtù della umiltà, che in grande fervore levando la faccia in cielo, fece voto e proponimento fermissimo di non si rallegrare mai in questo mondo, insino a tanto che la detta virtù sentisse perfettamente nell'anima sua. E d'allora innanzi si stava quasi di continuo rinchiuso in cella, macerandosi con digiuni, vigilie, orazioni, e pianti grandissimi dinanzi a Dio, per impetrare da lui questa virtù, sanza la quale egli si reputava degno dello inferno e della quale quello amico di Dio, ch'egli avea udito, era così dotato.

E standosi frate Masseo per molti dì in questo disiderio, addivenne ch'un dì egli entrò nella selva e in fervore di spirito andava per essa gittando lagrime, sospiri e voci, domandando con fervente desiderio a Dio questa virtù divina. E però che Iddio esaudisce volentieri le orazioni degli umili e contriti, istando così frate Masseo, venne una voce dal cielo la quale il chiamò due volte: "Frate Masseo, frate Masseo!". Ed egli conoscendo per ispirito che quella era voce di Cristo, sì rispuose: "Signore mio!". E Cristo a lui: "E che vuoi tu dare per avere questa grazia che tu domandi.". Risponde frate Masseo: "Signore, voglio dare gli occhi del capo mio". E Cristo a lui: "E io voglio che tu abbi la grazia e anche gli occhi". E detto questo, la voce disparve; e frate Masseo rimase pieno di tanta grazia della disiderata virtù della umiltà e del lume di Dio, che d'allora innanzi egli era sempre in giubilo; e spesse volte quand'egli orava, faceva sempre un giubilo informe e con suono a modo di colomba ottuso: U U U, e con faccia lieta e cuore giocondo istava così in contemplazione. E con questo, essendo divenuto umilissimo, si riputava minore di tutti gli uomini del mondo.

Domandato da frate Iacopo da Fallerone, perché nel suo giubilo egli non mutava verso, rispuose con grande letizia che, quando in una cosa si truova ogni bene, non bisogna mutare verso.

A laude di Gesù Cristo e del poverello Francesco. Amen.

33

Come santa Chiara, per comandamento del Papa, benedisse il pane il quale era in tavola; di che in ogni pane apparve il segno della santa croce.

Santa Chiara, divotissima discepola della croce di Cristo e nobile pianta di messer santo Francesco, era di tanta santità che non solamente i Vescovi e' Cardinali, ma eziandio il Papa disiderava con grande affetto di vederla e di udirla e ispesse volte la visitava personalmente.

Infra l'altre volte andò il Padre santo una volta al munistero a lei per udirla parlare delle cose celestiali e divine; ed essendo così insieme in diversi ragionamenti, santa Chiara fece intanto apparecchiare le mense e porvi suso il pane, acciò che il Padre santo il benedicesse. Onde, compiuto il ragionamento ispirituale, santa Chiara inginocchiandosi con grande reverenza sì lo priega che gli piaccia benedire il pane posto a mensa. Risponde il santo Padre:

"Suora Chiara fedelissima, io voglio che tu benedica cotesto pane tu e faccia sopra ad essi il segno della santissima croce di Cristo, al quale tu ti se' tutta data". E santa

Chiara dice: "Santissimo Padre, perdonatemi, ch'io sarei degna di troppo grande riprensione, se innanzi al Vicario di Cristo io, che sono una vile femminella, presumessi di fare cotale benedizione". E 'l Papa rispuose: "Acciò che questo non sia imputato a presunzione, ma a merito d'ubbidienza, io ti comando per santa obbidienza che sopra questo pane tu faccia il segno della santissima croce e benedicalo nel nome di Dio". Allora santa Chiara, siccome vera figliuola della obbidienza, que' pani divotissimamente benedisse col segno della santissima croce di Cristo. Mirabile cosa! subitamente in tutti quelli pani apparve il segno della croce intagliato bellissimo. E allora di que' pani parte ne fu mangiato e parte per lo miracolo riserbati. E il Padre santo veduto ch'ebbe il miracolo, prendendo del detto pane e ringraziando Iddio si partì, lasciando santa Chiara colla sua benedizione.

In quel tempo dimorava in quel monastero suora Ortulana madre di santa Chiara, e suora Agnese sua sirocchia, amendue insieme con santa Chiara piene di virtù e di Spirito Santo, e con molte altre sante monache. Alle quali santo Francesco mandava di molti infermi; ed elleno con le loro orazioni e col segno della santissima croce a tutti rendevano sanità.

A laude di Gesù Cristo e del poverello Francesco. Amen.

34

Come santo Lodovico re di Francia personalmente, in forma di pellegrino, andò a Perugia a visitare il santo frate Egidio.

Andò santo Lodovico re di Francia in peregrinaggio a visitare li Santuari per lo mondo, e udendo la fama grandissima della santità. di frate Egidio, il quale era stato de' primi compagni di santo Francesco, si puose in cuore e diterminò al tutto di visitarlo personalmente. Per la qual cosa egli venne a Perugia, ove dimorava allora il detto frate Egidio.

E giugnendo alla porta del luogo de' frati, come un povero pellegrino e sconosciuto, con pochi compagni, domanda con grande istanza frate Egidio, non dicendo niente al portinaio chi egli fussi che 'l domandava. Va adunque il portinaio a frate Egidio e dice che alla porta è uno pellegrino che n'addimanda, e da Dio gli fu ispirato e rivelato in ispirito ch'egli era il re di Francia; di che subitamente con grande fervore esce di cella e corre alla porta, e senza altro domandare, o che mai eglino s'avessino veduti, insieme con grandissima divozione inginocchiandosi, s'abbracciarono insieme e baciaronsi con tanta dimestichezza, come se per lungo tempo avessino tenuta grande amistà insieme, ma per tutto questo non parlavano nulla l'uno all'altro, ma stavano così abbracciati con quelli segni d'amore caritativo in silenzio. Ed istati che furono per grande spazio nel detto modo senza dirsi parola insieme, si partirono l'uno dall'altro; e santo Lodovico se n'andò al suo viaggio, e frate Egidio si tornò alla cella.

Partendosi il re, un frate domandò alcuno de' suoi compagni chi era colui che s'era cotanto abbracciato con santo Egidio; e colui rispuose ch'egli era Lodovico re di Francia, lo quale era venuto per vedere frate Egidio. Di che dicendolo costui agli altri frati, eglino n'ebbono grandissima malinconia che frate Egidio non gli avea parlato parola; e rammaricandosene, sì gli dissono: “O frate Egidio, perché se' tu stato tanto villano, che uno così fatto re, il quale è venuto di Francia per vederti e per udire da te qualche buona parola, e tu non gli hai parlato niente?”. Rispuose frate Egidio: “O carissimi frati, non vi maravigliate di ciò; imperò che né egli a me né io a lui pote' dire parola, però che sì tosto come noi ci abbracciammo insieme, la luce della divina sapienza rivelò e manifestò a me il cuore suo e a lui il mio; e così per divina operazione ragguardandoci ne' cuori, ciò ch'io volea dire a lui ed egli a me troppo meglio conoscemmo che se noi ci avessimo parlato con la bocca, e con maggiore consolazione, e se noi avessimo voluto esplicare con voce quello che noi sentivamo nel cuore, per lo difetto della lingua umana, la quale non può chiaramente esprimere li misteri segreti di Dio, ci sarebbe stato piuttosto a sconsolazione che a consolazione. E però sappiate di certo che il re si partì mirabilmente consolato”.

A laude di Gesù Cristo e del poverello Francesco. Amen.

35

Come essendo inferma santa Chiara, fu miracolosamente portata la notte della pasqua di Natale alla chiesa di santo Francesco, ed ivi udì l'ufficio.

Essendo una volta santa Chiara gravemente inferma, sicché ella non potea punto andare a dire l'ufficio in chiesa con l'altre monache, vegnendo la solennità della natività di Cristo, tutte l'altre andarono al mattutino; ed ella si rimase nel letto, mal contenta ch'ella insieme con l'altre non potea andare ad avere quella consolazione ispirituale. Ma Gesù Cristo suo sposo, non volendola lasciare così sconsolata, sì la fece miracolosamente portare alla chiesa di santo Francesco ed essere a tutto l'ufficio del mattutino e della messa della notte, e oltre a questo ricevere la santa comunione, e poi riportarla al letto suo.

Tornando le monache a santa Chiara, compiuto l'ufficio in santo Damiano, sì le dissono: "O madre nostra suora Chiara, come grande consolazione abbiamo avuta in questa santa natività! Or fusse piaciuto a Dio, che voi fossi stata con noi!". E santa Chiara risponde: "Grazie e laude ne rendo al nostro Signore Gesù Cristo benedetto, sirocchie mie e figliuole carissime, imperò che ad ogni solennità di questa santa notte, e maggiori che voi non siate state, sono stata io con molta consolazione dell'anima mia; però che, per procurazione del padre mio santo Francesco e per la grazia del nostro Signore Gesù Cristo, io sono stata presente nella chiesa del venerabile padre mio santo Francesco, e con li miei orecchi corporali e mentali ho udito tutto l'ufficio e il sonare degli organi ch'ivi s'è fatto, ed ivi medesimo ho presa la santissima comunione. Onde di tanta grazia a me fatta rallegratevi e ringraziate Iddio".

A laude di Gesù Cristo e del poverello Francesco. Amen.

36

Come santo Francesco dispuose a frate Lione una bella visione ch'avea veduta.

Una volta che santo Francesco era gravemente infermo e frate Lione gli servia, il detto frate Lione, stando in orazione presso a santo Francesco, fu ratto in estasi e menato in ispirito ad uno fiume grandissimo, largo e impetuoso. E istando egli a guatare chi passava, egli vide alquanti frati incaricati entrare in questo fiume, li quali subitamente erano abbattuti dallo empito del fiume ed affogavano, alquanti altri s'andavano insino al terzo del fiume, alquanti insino al mezzo del fiume, alquanti insino appresso alla proda, i quali tutti, per l'empito del fiume e per li pesi che portavano addosso, finalmente cadevano e annegavano. Veggendo ciò, frate Lione avea loro grandissima compassione; e subitamente, stando così, eccoti venire una grande moltitudine di frati e sanza nessuno incarico o peso di cosa nessuna, ne' quali rilucea la santa povertà ed entrano in questo fiume e passano di là sanza nessun pericolo. E veduto questo, frate Lione ritornò in sé.

E allora santo Francesco, sentendo in ispirito che frate Lione avea veduta alcuna visione, sì lo chiamò a sé e domandollo di quello ch'egli avea veduto; e detto che gli ebbe frate Lione predetto tutta la visione per ordine, disse santo Francesco: "Ciò che tu hai veduto è vero. Il grande fiume è questo mondo, i frati ch'affogavano nel fiume sì son quelli che non seguitano la evangelica professione e spezialmente quanto all'altissima povertà, ma coloro che sanza pericolo passavano, sono que' frati li quali nessuna cosa terrena né carnale cercano né posseggono in questo mondo, ma avendo solamente il temperato vivere e vestire, sono contenti seguitando Cristo ignudo in croce, e il peso e il giogo soave di Cristo e della santissima obbidienza portano allegramente e volentieri; e però agevolmente della vita temporale passano a vita eterna"

A laude di Gesù Cristo e del poverello Francesco. Amen.

37

Come Gesù Cristo benedetto, a priego di santo Francesco, fece convertire uno ricco e gentile cavaliere e farsi frate, il quale avea fatto grande onore e profferta a santo Francesco.

Santo Francesco servo di Cristo, giugnendo una sera al tardi a casa d'un grande gentile uomo e potente, fu da lui ricevuto ad albergo, egli e 'l compagno, come agnoli di Dio, con grandissima cortesia e divozione. Per la qual cosa santo Francesco gli puose grande amore, considerando che nello entrare della casa egli sì lo avea abbracciato e baciato amichevolmente, e poi gli avea lavati i piedi e rasciutti e baciati umilemente, e racceso un grande fuoco e apparecchiata la mensa di molti buoni cibi, e mentre costui manglava, con allegra faccia serviva continovamente. Or, mangiato ch'ebbe santo Francesco e 'l compagno, sì disse questo gentile uomo: "Ecco, padre mio, io vi proffero me e le mie cose, quandunque avete bisogno di tonica o di mantello o di cosa veruna, comperate e io pagherò; e vedete che io sono apparecchiato di provvedervi in tutti i vostri bisogni, però che per la grazia di Dio io posso, con ciò sia così che io abbondi in ogni bene temporale, e però per amore di Dio, che me l'ha dato, io ne fo volentieri beni alli poveri suoi".

Di che veggendo santo Francesco tanta cortesia e amorevolezza in lui e le larghe profferte, concedettegli tanto amore, che poi partendosi egli andava dicendo col compagno suo: "Veramente questo gentile uomo sarebbe buono per la nostra religione e compagnia, il quale è così grato e conoscente inverso Iddio e così amorevole e cortese allo prossimo e alli poveri. Sappi, frate carissimo, che la cortesia è una delle proprietà di Dio, il quale dà il suo sole e la sua piova alli giusti e agli ingiusti per cortesia; e la cortesia si è sirocchia della carità, la quale spegne l'odio e conserva l'amore. E perché io ho conosciuto in questo buono uomo tanta virtù divina, volentieri lo vorrei per compagno; e però io voglio che noi torniamo un dì a lui, se forse Iddio gli toccasse il cuore a volersi accompagnare con noi nel servigio di Dio; e in questo mezzo noi pregheremo Iddio che gli metta in cuore questo desiderio e diagli grazia di metterlo in effetto". Mirabile cosa! ivi a pochi dì, fatto ch'ebbe santo Francesco l'orazione, Iddio mise questo desiderio nel cuore di questo gentile uomo; e disse santo Francesco al compagno: "Andiamo, fratello mio, all'uomo cortese, imperò ch'io ho certa speranza in Dio ch'egli con la cortesia delle cose temporali, donerà se medesimo e sarà nostro compagno". E andarono.

Vegnendo appresso alla casa sua, disse santo Francesco al compagno: "Aspettami un poco, imperò che io voglio in prima pregare a Dio che faccia prospero il nostro cammino, che la nobile preda, la quale noi pensiamo di torre al mondo, piaccia a Cristo di concedere a noi poverelli e deboli, per la virtù della sua santissima passione". E detto questo, si puose in orazione in luogo ch'e' poteva essere veduto dal detto uomo cortese; onde, come piacque a Dio, guatando colui in là e in qua, ebbe veduto santo Francesco stare in orazione divotissimamente dinanzi a Cristo, il quale con grande chiarità gli era apparito nella detta orazione e stava dinanzi a lui; e in questo istare così, vedea santo Francesco essere per buono spazio levato da terra corporalmente. Per la qual cosa egli fu sì toccato da Dio e ispirato a lasciare il mondo, che di presente egli uscì fuori dal palagio suo e in fervore di spirito corre verso santo Francesco, e giugnendo a lui, il quale stava in orazione, gli si inginocchiò a' piedi e con grandissima istanza e divozione il pregò che gli piacesse di riceverlo e fare penitenza insieme con seco. Allora santo Francesco, veggendo che la sua orazione era esaudita da Dio - e che quello ch'e' disiderava, quello gentile uomo addomandava con grande istanza, lievasi suso in fervore e in letizia di spirito e abbraccia e bacia costui, divotissimamente ringraziando Iddio, il quale uno così fatto cavaliere avea accresciuto alla sua compagnia. E dicea quello gentile uomo a santo Francesco: "Che comandi tu, che io faccia, padre mio? Ecco ch'io sono apparecchiato al tuo comandamento, dare a' poveri ciò ch'io posseggo, e teco seguitare Cristo, così iscaricato d'ogni cosa temporale".

E così fece, secondo il consiglio di santo Francesco, ch'egli distribuì il suo a' poveri ed entrò nell'Ordine, e vivette in grande penitenza e santità di vita e conversazione onesta.

A laude di Gesù Cristo e del poverello Francesco. Amen.

38

Come santo Francesco conobbe in ispirito che frate Elia era dannato e dovea morire fuori dell'Ordine; il perché a' prieghi di frate Elia fece orazione a Cristo per lui e fu esaudito.

Dimorando una volta in un luogo insieme di famiglia santo Francesco e frat'Elia, fu rivelato da Dio a santo Francesco che frate Elia era dannato e dovea apostolare dall'Ordine e finalmente morire fuori dell'Ordine. Per la qual cosa santo Francesco concepette una cotale displicenza inverso di lui, in tanto che non gli parlava né conversava con lui; e se avvenia alcuna volta che frate Elia andasse inverso di lui egli torcea la via e andava dall'altra parte per non si scontrare con lui. Di che frate Elia si cominciò ad avvedere e comprendere che santo Francesco avea dispiacere di lui; onde volendo sapere la cagione, un di s'accostò a santo Francesco per parlargli; e ischifando santo Francesco, frate Elia sì lo ritenne cortesemente per forza e cominciollo a pregare discretamente che gli piacesse di significargli la cagione per la quale egli ischifava così la sua compagnia e 'l parlare con seco. E santo Francesco gli risponde: "La cagione si è questa, imperò che a me è suto rivelato da Dio che tu per li tuoi peccati apostaterai dell'Ordine e morrai fuori dell'Ordine, e anche m'ha Iddio rivelato che tu sei dannato". Udendo questo, frate Elia si dice così: "Padre mio reverendo, io ti priego per lo amore di Cristo, che per questo tu non mi ischifi né iscacci da te; ma come buono pastore, ad esempio di Cristo, ritruova e ricevi la pecora che perisce, se tu non l'aiuti; e priega Iddio per me che, se può essere, e' rivochi la sentenza della mia dannazione; imperò che si truova scritto che Iddio sa mutare la sentenza, se il peccatore ammenda il suo peccato; e io ho tanta fede nelle tue orazioni, che se io fossi nel mezzo dello inferno, e tu facessi per me orazione a Dio, io sentirei alcun rifrigerio; onde ancora io ti priego che me peccatore tu raccomandi a Dio, il quale si venne per salvare i peccatori, che mi riceva alla sua misericordia". E questo dicea frate Elia con grande divozione e lagrime; di che santo Francesco come pietoso padre, gli promise di pregare Iddio per lui; e così fece.

E pregando Iddio divotissimamente per lui, intese per rivelazione che la sua orazione era da Dio esaudita quanto alla revocazione della sentenza della dannazione di frate Elia, che finalmente l'anima sua non sarebbe dannata, ma che per certo egli s'uscirebbe dell'Ordine e fuori dell'Ordine morrebbe. E così addivenne; imperò che, ribellandosi dalla Chiesa Federigo re di Cicilia ed essendo iscomunicato dal Papa egli e chiunque gli dava aiuto o consiglio; il detto frate Elia, il quale era reputato uno de' più savi uomini del mondo, richiesto dal detto re Federigo, s'accostò a lui e diventò ribelle della Chiesa e apostata dell'Ordine; per la quale cosa fu iscomunicato dal Papa e privato dell'abito di santo Francesco.

E stando così iscomunicato, infermò gravemente; la cui infermità udendo uno suo fratello frate laico, il quale era rimasto nell'Ordine ed era uomo di buona vita e onesta, sì lo andò a visitare, e tra l'altre cose si gli disse: "Fratello mio carissimo, molto mi dolgo che tu se' iscomunicato e fuori dell'Ordine tuo, e così ti morrai; ma se tu vedessi o via o modo per lo quale io ti potessi trarre di questo pericolo, volentieri ne prenderei per te ogni fatica". Risponde frate Elia: "Fratello mio, non ci veggo altro modo se non che tu vadi al Papa, e priegalo che per lo amore di Dio e di santo Francesco suo servo, per li cui ammaestramenti io abbandonai il mondo, m'assolva della sua iscomunicazione e restituiscami l'abito della Religione". Dice questo suo fratello che volentieri s'affaticherà per la sua salute: e partendosi da lui, se ne andò alli piè del santo Papa, pregandolo umilemente che faccia grazia al suo fratello per lo amore di Cristo e di san Francesco suo servo. E come piacque a Dio, il Papa gliel concedette: che tornasse e, se e' ritrovasse vivo frate Elia, si lo assolvesse dalla sua parte della iscomunicazione e ristituissegli l'abito. Di che costui si parte lieto e con grande fretta ritorna a frate Elia, e trovalo vivo, ma quasi in su la morte, e si lo assolvette della scomunicazione; e rimettendogli l'abito, frate Elia passò di questa vita, e l'anima sua fu salva per li meriti di santo Francesco e per la sua orazione, nella quale frate Elia avea avuta sì grande isperanza.

A laude di Gesù Cristo e del poverello Francesco. Amen.

39

Della maravigliosa predica la quale fece santo Antonio da Padova frate minore in consistorio.

Il maraviglioso vasello dello Spirito Santo messer santo Antonio da Padova, uno degli eletti discipoli e compagni di santo Francesco, il quale santo Francesco chiamava suo vescovo, una volta predicando in consistorio dinanzi al Papa e a' Cardinali, nel quale consistorio erano uomini di diverse nazioni, cioè greca, latina, francesca, tedesca, ischiavi e inghilesi e d'altre diverse lingue del mondo, infiammato dallo Spirito Santo, sì effcacemente, sì divotamente, sì sottilemente, sì dolcemente, sì chiaramente e sì intendevolmente propuose la parola di Dio, che tutti quelli che erano in consistorio, quantunque fossino di diversi linguaggi, chiaramente intendeano tutte le sue parole distintamente, siccome egli avesse parlato in linguaggio di ciascuno di loro; e tutti stavano istupefatti, e parea che fusse rinnovato quello antico miracolo degli Apostoli al tempo della Pentecoste, li quali parlavano per la virtù dello Spirito Santo in ogni lingua.

E diceano insieme l'uno coll'altro con ammirazione:

"Non è di Spagna costui che predica? e come udiamo tutti noi in suo parlare il nostro linguaggio delle nostre terre?". Il Papa simigliantemente, considerando e maravigliandosi della profondità delle sue parole, disse: "Veramente costui è arca del Testamento e armario della Iscrittura divina".

A laude di Gesù Cristo e del poverello Francesco. Amen.

40

Del miracolo che Iddio fece quando santo Antonio, essendo a Rimino, predicò a' pesci del mare.

Volendo Cristo benedetto dimostrare la grande santità del suo fedelissimo servo messere santo Antonio, e come divotamente era da udire la sua predicazione e la sua dottrina santa; per gli animali non ragionevoli una volta tra l'altre, cioè per li pesci, riprese la sciocchezza degli infedeli eretici, a modo come anticamente nel vecchio Testamento per la bocca dell'asina avea ripresa la ignoranza di Balaam. Onde essendo una volta santo Antonio a Rimino, ove era grande moltitudine d'eretici, volendoli riducere al lume della vera fede e alla via della verità, per molti dì predicò loro e disputò della fede di Cristo e della santa Scrittura, ma eglino, non solamente non acconsentendo alli suoi santi parlari, ma eziandio come indurati e ostinati non volendolo udire, santo Antonio un dì per divina ispirazione sì se ne andò alla riva del fiume allato al mare; e standosi così alla riva tra 'l mare e 'l fiume, cominciò a dire a modo di predica, dalla parte di Dio alli pesci: "Udite la parola di

Dio voi, pesci del mare e del fiume, dappoi che gl'infedeli eretici la schifano d'udire". E detto ch'egli ebbe così, subitamente venne alla riva a lui tanta moltitudine di pesci grandi, piccoli e mezzani, che mai in quel mare né in quel fiume non ne fu veduta sì grande moltitudine; e tutti teneano i capi fuori dell'acqua e tutti stavano attenti verso la faccia di santo Antonio, e tutti in grandissima pace e mansuetudine e ordine: imperò che dinanzi e più presso alla riva istavano i pesciolini minori, e dopo loro istavano i pesci mezzani, poi di dietro, dov'era l'acqua più profonda, istavano i pesci maggiori.

Essendo dunque in cotale ordine e disposizione allogati li pesci, santo Antonio cominciò a predicare solennemente e dice così: "Fratelli miei pesci, molto siete tenuti, secondo la vostra possibilità, di ringraziare il Creatore che v'ha dato così nobile elemento per vostra abitazione, sicché, come vi piace, avete l'acque dolci e salse e havvi dati molti refugi a schifare le tempeste, havvi ancora dato elemento chiaro e trasparente e cibo per lo quale voi possiate vivere. Iddio vostro creatore cortese e benigno quando vi creò, sì vi diede comandamento di crescere e di multiplicare, e diedevi la sua benedizione. Poi quando fu il diluvio generalmente, tutti quanti gli altri animali morendo, voi soli riserbò Iddio senza danno. Appresso v'ha date l'ali per potere discorrere dovunque vi piace. A voi fu conceduto, per comandamento di Dio, di serbare Giona profeta e dopo il terzo dì gittarlo a terra sano e salvo. Voi offeriste lo censo al nostro Signore Gesù Cristo, il quale egli come poverello non aveva di che pagare. Voi fusti cibo dello eterno re Gesù Cristo innanzi resurrezione e dopo, per singolare mistero. Per le quali tutte cose molto siete tenuti di lodare e di benedire Iddio, che v'ha dati e tanti e tali benefici più che all'altre creature". A queste e simiglianti parole e ammaestramenti di santo Antonio, cominciarono li pesci aprire la bocca e inchinaron li capi, e con questi e altri segnali di reverenza, secondo li modi a loro possibili, laudarono Iddio. Allora santo Antonio vedendo tanta reverenza de' pesci inverso di Dio creatore, rallegrandosi in ispirito, in alta voce disse: "Benedetto sia Iddio eterno, però che più l'onorano i pesci acquatici che non fanno gli uomini eretici, e meglio odono la sua parola gli animali non ragionevoli che li uomini infedeli". E quanto santo Antonio più predicava, tanto la moltitudine de' pesci più crescea, e nessuno si partia del luogo ch'avea preso.

A questo miracolo cominciò a correre il popolo della città fra li quali vi trassono eziandio gli eretici sopraddetti; i quali vedendo lo miracolo così maraviglioso e manifesto, compunti ne' cuori, tutti si gittavano a' piedi di santo Antonio per udire la sua predica. E allora santo Antonio cominciò a predicare della fede cattolica, e sì nobilemente ne predicò, che tutti quegli eretici convertì e tornarono alla vera fede di Cristo, e tutti li fedeli ne rimasono con grandissima allegrezza confortati e fortificati nella fede. E fatto questo, santo Antonio licenziò li pesci colla benedizione di Dio, e tutti si partirono con maravigliosi atti d'allegrezza, e similemente il popolo. E poi santo Antonio stette in Arimino per molti dì, predicando e facendo molto frutto spirituale d'anime.

A laude di Gesù Cristo e del poverello Francesco. Amen.

41

Come il venerabile frate Simone liberò di una grande tentazione un frate, il quale per questa cagione voleva uscire fuori dell'Ordine.

Intorno al principio dell'Ordine, vivendo santo Francesco, venne all'Ordine uno giovane d'Ascesi, il quale fu chiamato frate Simone, il quale Iddio adornò e dotò di tanta grazia e di tanta contemplazione e elevazione di mente, che tutta la sua vita era specchio di santità, secondo ch'io udii da coloro che lungo tempo furono con lui. Costui rarissime volte era veduto fuori di cella e, se alcuna volta stava co' frati, sempre parlava di Dio. Costui non avea mai apparato grammatica, e nientedimeno sì profondamente e sì altamente parlava di Dio e dell'amore di Cristo, che le sue parole pareano parole soprannaturali. Onde una sera egli essendo ito nella selva con frate Iacopo da Massa per parlare di Dio e parlando dolcissimamente del divino amore, istettono tutta la notte in quel parlare, e la mattina parea loro essere stato pochissimo ispazio di tempo, secondo che mi recitò il detto frate Iacopo. E 'l detto frate Simone sì aveva in tanta soavità e dolcezza di spirito le divine illuminazioni e visitazioni amorose di Dio, che ispesse volte, quando le sentiva venire, si ponea in sul letto; imperò che la tranquilla soavità dello Ispirito Santo richiedeva in lui non solo riposo dell'anima, ma eziandio del corpo. E in quelle cotali visitazioni divine egli era molte volte ratto in Dio e diventava tutto insensibile alle cose corporali. Onde una volta ch'egli era così ratto in Dio e insensibile al mondo, ardea dentro del divino amore e non sentia niente di fuori con sentimenti corporali, un frate vogliendo avere isperienza di ciò, a vedere se fusse come parea, andò e prese uno carbone di fuoco, e si gliel puose in sul piede ignudo: e frate Simone non ne sentì niente, e non gli fece nessuno segnale in sul piede, benché vi stesse su per grande spazio, tanto che si spense da se medesimo. Il detto frate Simone quando si ponea a mensa, innanzi che prendesse cibo corporale, prendeva per sé e dava il cibo ispirituale parlando di Dio.

Per lo cui divoto parlare, si convertì una volta un giovane da San Severino, il quale era nel secolo un giovane vanissimo e mondano, ed era nobile di sangue e molto dilicato del suo corpo. E frate Simone ricevendo il detto giovane all'Ordine, si serbò li suoi vestimenti secolari appo sé, ed esso istava con frate Simone per essere informato da lui nelle osservanze regolari. Di che il demonio, il quale s'ingegnava di storpiare ogni bene, gli mise addosso sì forte stimolo e sì ardente tentazione di carne, che per nessuno modo costui potea resistere. Per la qual cosa egli se ne andò a frate Simone e dissegli: “Rendimi li miei panni ch'io ci recai del secolo imperò ch'io non posso più sostenere la tentazione carnale”. E frate Simone, avendogli grande compassione, gli dicea: “Siedi qui, figliuolo, un poco con meco”. E cominciava a parlargli di Dio, permodo ch'ogni tentazione sì si partia, e poi a tempo ritornando la tentazione, ed egli richiedea li panni, e frate Simone la cacciava con parlare di Dio.

E fatto così più volte, finalmente una notte l'assalì sì

forte la detta tentazione più ch'ella non solea, che per cosa del mondo non potendo resistere, andò a frate Simone raddomandandogli al tutto li panni suoi secolari, che per nessuno partito egli ci potea più stare. Allora frate Simone, secondo ch'egli avea usato di fare, li fece sedere allato a sé; e parlandogli di Dio, il giovane inchinò il capo in grembo a frate Simone per malinconia e per tristizia. Allora frate Simone, per grande compassione che gli aveva, levò gli occhi in cielo e pregando Iddio divotissimamente per lui, fu ratto e esaudito da Dio; onde ritornando egli in sé, il giovane si sentì al tutto liberato di quella tentazione, come se mai non l'avesse punto sentita.

Anzi essendosi mutato l'ardore della tentazione in ardore di Spirito Santo, però che s'era accostato al carbone affocato, cioè a frate Simone, tutto diventò infiammato di Dio e del prossimo, intanto ch'essendo preso una volta uno malfattore, a cui doveano essere tratti amenduni gli occhi, costui, per compassione se ne andò arditamente al rettore in pieno Consiglio, e con molte lagrime e prieghi divoti addomandò che a sé fusse tratto un occhio, e al malfattore un altro, acciò ch'e' non rimanesse privato d'amenduni. Ma veggendo il Rettore e il Consiglio il grande fervore della carità di questo frate, si perdonarono all'uno e all'altro.

Standosi un dì il sopradetto frate Simone nella selva in orazione e sentendo grande consolazione nell'anima sua, una schiera di cornacchie con loro gridare gl'incominciarono a fare noia, di che egli comandò loro nel nome di Gesù Cristo ch'elle si dovessono partire e non tornarvi più. E partendosi allora li detti uccelli, da indi innanzi non vi furono mai più veduti né uditi, né ivi né in tutta la contrada d'intorno. E questo miracolo fu manifesto a tutta la custodia di Fermo, nella quale era il detto luogo.

A laude di Gesù Cristo e del poverello Francesco. Amen.

42

Di belli miracoli che fece Iddio per li santi frati frate Bentivoglia, frate Pietro da Monticello, frate Currado da Offida e come frate Bentivoglia portò un lebbroso quindici miglia in pochissimo tempo, e all'altro parlò santo Michele, e all'altro venne la Vergine Maria e puosegli il figliuolo in braccio.

La provincia della Marca d'Ancona fu anticamente, a modo che 'l cielo di stelle, adornata di santi ed esemplari frati, li quali, a modo che luminari di cielo, hanno alluminato e adornato l'Ordine di santo Francesco e il mondo con esempi e con dottrina. Tra gli altri furono in prima frate Lucido Antico, lo quale fu veramente lucente per santità e ardente per carità divina; la cui gloriosa lingua, informata dallo Spirito Santo, facea maravigliosi frutti in predicazione.

Un altro fu frate Bentivoglia da Santo Severino, il quale fu veduto da frate Masseo da San Severino essere levato in aria per grande spazio istando egli in orazione nella selva; per lo quale miracolo il devoto frate Masseo, essendo allora piovano, lasciato il piovanato, fecesi frate Minore; e fu di tanta santità, che fece molti miracoli in vita e in morte, ed è riposto il corpo suo a Murro. Il sopraddetto frate Bentivoglia, dimorando una volta a Trave Bonanti solo, a guardare e a servire a uno lebbroso, essendogli in comandamento del Prelato di partirsi indi e andare a un altro luogo, lo quale era di lungi quindici miglia, non volendo abbandonare quello lebbroso, con grande fervore di carità sì lo prese e puoselosi in sulla ispalla e portollo dall'aurora insino al levare del sole tutta quella via delle quindici miglia infino al detto luogo, dov'egli era mandato, che si chiamava Monte Sancino. Il quale viaggio, se fusse istato aquila, non avrebbe potuto in così poco tempo volare: e di questo divino miracolo fu grande istupore e ammirazione in tutto quello paese.

Un altro fu frate Pietro da Monticello, il quale fu veduto da frate Servodio da Urbino (allora essendo guardiano nel luogo vecchio d'Ancona) levato da terra corporalmente cinque ovvero sei braccia insino appiè dello Crocifisso della chiesa, dinanzi al quale stava in orazione. E questo frate Pietro, digiunando una volta la quaresima di santo Michele Arcagnolo con grande divozione, e l'ultimo dì di quella quaresima istandosi in chiesa in orazione, fu udito da un frate giovane, il quale istudiosamente stava nascosto sotto l'altare maggiore per vedere qualche atto della sua santità, e udito parlare con santo Michele Arcagnolo, e le parole che diceano erano queste. Dicea santo Michele: "Frate Pietro, tu ti se' affaticato fedelemente per me, e in molti modi hai afflitto il tuo corpo; ecco io sono venuto a consolarti acciò che tu domandi qualunque grazia tu vuogli, e io te la voglio impetrare da Dio". Rispondea frate Pietro: "Santissimo Prencipe della milizia celestiale e fedelissimo zelatore dello amore divino e pietoso protettore delle anime, io t'addomando questa grazia, che tu mi impetri da Dio la perdonanza delle miei peccati". Rispuose santo Michele: "Chiedi altra grazia, ché questa t'accatterò io agevolissimamente". E frate Pietro non domandando nessuna altra cosa, l'Arcagnolo conchiuse: "Io, per la fede e divozione la quale tu hai in me, ti procaccio cotesta grazia che tu addimandi e molte altre". E compiuto il loro parlare, il quale durò per grande spazio, l'Arcagnolo santo Michele si partì, lasciandolo sommamente consolato.

Al tempo di questo santo frate Pietro, fu il santo frate Currado da Offida, il quale essendo insieme di famiglia nel luogo di Forano della custodia d'Ancona, il detto frate Currado se ne andò un dì nella selva a contemplare di Dio, e frate Pietro segretamente andò dirietro a lui per vedere ciò che gli addivenisse. E frate Currado cominciò a stare in orazione e pregare divotissimamente la Vergine Maria con grande pietà ch'ella gli accattasse questa grazia dal suo benedetto Figliuolo, ch'egli sentisse un poco di quella dolcezza la quale sentì santo Simeone il dì della Purificazione quand'egli portò in braccio Gesù Salvatore benedetto. E fatta questa orazione, la misericordiosa Vergine Maria lo esaudì: eccoti ch'apparve la Reina del cielo col suo Figliuolo benedetto in braccio, con grandissima chiarità di lume; e appressandosi a frate Currado, sì gli puose in braccio quello benedetto Figliuolo, il quale egli ricevendo, divotissimamente abbracciandolo e baciandolo e strignendolosi al petto, tutto si struggeva e risolveva in amore divino e inesplicabile consolazione. E frate Pietro simigliantemente, il quale di nascosto vedea ogni cosa, sentì nell'anima sua una grandissima dolcezza e consolazione. E partendo la Vergine Maria da frate Currado, frate Pietro in fretta si ritornò al luogo, per non essere veduto da lui; ma poiché quando frate Currado tornava tutto allegro e giocondo, gli disse frate Pietro: "O cielico, grande consolazione hai avuta oggi"; dicea frate Currado: "Che è quello che tu dici, frate Pietro, e che sai tu quello che io m'abbia avuto?". "Ben so io, ben so, dicea frate Pietro, come la Vergine Maria col suo benedetto figliuolo t'ha visitato". Allora frate Currado, il quale come veramente umile desiderava d'essere segreto nelle grazie di Dio, sì lo pregò che non lo dicesse a persona. E fu sì grande l'amore d'allora innanzi tra loro due, che un cuore e una anima parea che fusse infra loro in ogni cosa.

E 'l detto frate Currado una volta, nello luogo di Siruolo, con le sue orazioni liberò una femmina indemoniata orando per lei tutta la notte e apparendo alla madre sua; e la mattina si fuggì per non essere trovato e onorato dal popolo.

A laude di Gesù Cristo e del poverello Francesco. Amen.

43

Come frate Currado da Offida convertì un frate giovane, molestando egli gli altri frati. E come il detto frate giovane morendo, egli apparve al detto frate Currado, pregandolo che orasse per lui. E come lo liberò per la sua orazione delle pene grandissime del purgatorio.

Il detto frate Currado da Offida, mirabile zelatore della evangelica povertà e della regola di santo Francesco, fu di sì religiosa vita e di sì grande merito appo Iddio, che Cristo benedetto l'onorò, nella vita e nella morte, di molti miracoli.

Tra' quali una volta, essendo venuto al luogo d'Offida forestiere, li frati il pregarono per l'amore di Dio e della carità, ch'egli ammonisse uno frate giovane che era in quello luogo, lo quale si portava sì fanciullescamente e disordinatamente e dissolutamente, che li vecchi e li giovani di quella famiglia turbava dello ufficio divino, e delle altre regolari osservanze o niente o poco si curava. Di che frate Currado per compassione di quello giovane e per li prieghi de' frati, chiamò un dì a sparte il detto giovane e in fervore di carità gli disse sì efficaci e divote parole d'ammaestramento che con la operazione della divina grazia colui subitamente diventò, di fanciullo, vecchio di costumi e sì obbediente e benigno e sollecito e divoto, e appresso sì pacifico e servente e a ogni cosa virtuosa sì studioso, che come prima tutta la famiglia era turbata per lui, così per lui tutti n'erano contenti e consolati e fortemente l'amavano.

Addivenne, come piacque a Dio, che pochi di poi dopo questa sua conversione, il detto giovane si morì, di che li detti frati si dolsono, e pochi di poi dopo la sua morte, l'anima sua apparve a frate Currado, istandosi egli divotamente in orazione dinanzi allo altare del detto convento, e sì lo saluta divotamente come padre; e frate Currado il dimanda: “Chi se' tu?”. Risponde: “Io sono l'anima di quel frate giovane che morì in questi dì”. E frate Currado: “O figliuolo mio carissimo, che è di te?”. Risponde: “Padre carissimo, per la grazia di Dio e per la vostra dottrina, ènne bene, però ch'io non sono dannato, ma per certi miei peccati, li quali io non ebbi tempo di purgare sofficientemente, sostegno grandissime pene di purgatorio; ma io priego te, padre, che, come per la tua pietà mi soccorresti, quand'io ero vivo, così ora ti piaccia di soccorrermi nelle mie pene, dicendo per me alcuno paternostro, ché la tua orazione è molto accettevole nel cospetto di Dio”. Allora frate Currado, consentendo benignamente alle sue preghiere e dicendo una volta il paternostro con requiem aeternam, disse quella anima: “O padre carissimo, quanto bene e quanto refrigerio io sento! Ora io ti priego, che tu lo dica un'altra volta”. E frate Currado il dice un'altra volta; e detto che l'ebbe, dice l'anima: “Santo padre, quando tu ori per me, tutto mi sento alleviare; onde io ti priego che tu non resti di orare per me”. Allora frate Currado, veggendo che quella anima era così aiutata con le sue orazioni, si disse per lui cento paternostri, e compiuti che gli ebbe, disse quell'anima: “Io ti ringrazio, padre carissimo, dalla parte di Dio della carità che hai avuto verso di me, imperò che per la tua orazione io sono liberato da tutte le pene e sì me ne vo al regno celestiale". E detto questo, si part' quella anima. Allora frate Currado, per dare allegrezza e conforto alli frati, loro recitò per ordine tutta questa visione.

A laude di Gesù Cristo e del poverello Francesco. Amen.

44

Come a frate Currado apparve la madre di Cristo e santo Giovanni Vangelista e santo Francesco; e dissegli quale di loro portò più dolore della passione di Cristo.

Al tempo che dimoravano insieme nella custodia d'Ancona, nel luogo di Forano, frate Currado e frate Pietro sopraddetti (li quali erano due stelle lucenti nella provincia della Marca e due uomini celestiali); imperciò che tra loro era tanto amore e tanta carità che uno medesimo cuore e una medesima anima parea in loro due, e' si legarono insieme a questo patto, che ogni consolazione, la quale la misericordia di Dio facesse loro, eglino se la dovessino insieme rivelare l'uno all'altro in carità.

Fermato insieme questo patto, addivenne che un dì istando frate Pietro in orazione e pensando divotissimamente la passione di Cristo; e come la Madre di Cristo beatissima e Giovanni Evangelista dilettissimo discepolo e santo Francesco erano dipinti appiè della croce, per dolore mentale crocifissi con Cristo, gli venne desiderio di sapere quale di quelli tre avea avuto maggior dolore della passione di Cristo, o la Madre la quale l'avea generato, o il discepolo il quale gli avea dormito sopra il petto o santo Francesco il quale era con Cristo crocifisso. E stando in questo divoto pensiero, gli apparve la vergine Maria con santo Giovanni Vangelista e con santo Francesco, vestiti di nobilissimi vestimenti di Gloria beata: ma già santo Francesco parea vestito di più bella vista che santo Giovanni. E istando frate Pietro tutto ispaventato di questa visione, santo Giovanni il confortò e dissegli: "Non temere, carissimo frate, imperò che noi siamo venuti a consolarti e a dichiararti del tuo dubbio. Sappi adunque che la Madre di Cristo ed io sopra ogni creatura ci dolemmo della passione di Cristo, ma dopo noi santo Francesco n'ebbe maggiore dolore che nessuno altro, e però tu lo vedi in tanta gloria". E frate Pietro il domanda: "Santissimo Apostolo di Cristo, perché pare il vestimento di santo Francesco più bello che'l tuo?". Risponde santo Giovanni: "La cagione si è questa: imperò che, quando egli era nel mondo, egli portò indosso più vili vestimenti che io". E dette queste parole, santo Giovanni diede a frate Pietro uno vestimento glorioso il quale egli portava in mano e dissegli: "Prendi questo vestimento, il quale io sì ho arrecato per darloti". E volendo santo Giovanni vestirlo di quello vestimento, e frate Pietro cadde in terra istupefatto e cominciò a gridare: "Frate Currado, frate Currado carissimo, soccorrimi tosto, vieni a vedere cose maravigliose!". E in queste parole, questa santa visione sparve. Poi venendo frate Currado, sì gli disse ogni cosa per ordine, e ringraziarono Iddio.

A laude di Gesù Cristo e del poverello Francesco. Amen.

45

Della conversione e vita e miracoli e morte del santo frate Giovanni della Penna.

Frate Giovanni dalla Penna essendo fanciullo e scolare nella provincia della Marca, una notte gli apparve uno fanciullo bellissimo e chiamollo dicendo: "Giovanni, va' a santo Stefano dove predica uno de' miei frati, alla cui dottrina credi e alle sue parole attendi, imperò che io ve l'ho mandato; e fatto ciò, tu hai a fare uno grande viaggio e poi verrai a me". Di che costui immantenente si levò su e sentì grande mutazione nell'anima sua. E andando a santo Stefano, e' trovovvi una grande moltitudine di uomini e di donne che vi stavano per udire la predica. E colui che vi dovea predicare era un frate ch'avea nome frate Filippo, il quale era uno delli primi frati ch'era venuto nella Marca d'Ancona, e ancora pochi luoghi erano presi nella Marca. Monta su questo frate Filippo a predicare, e predica divotissimamente non parole di sapienza umana, ma in virtù di spirito santo di Cristo, annunziando il reame di vita eterna. E finita la predica, il detto fanciullo se ne andò al detto frate Filippo, e dissegli: "Padre, se vi piacesse di ricevermi all'Ordine, io volentieri farei penitenza e servirei al nostro Signore Gesù Cristo". Veggendo frate Filippo e conoscendo nel detto fanciullo una maravigliosa innocenza e pronta volontà a servire a Dio, sì gli disse: "Verrai a me cotale dì a Ricanati, e io ti farò ricevere". Nel quale luogo si dovea fare Capitolo provinciale. Di che il fanciullo, il quale era purissimo, si pensò che questo fusse il grande viaggio che dovea fare, secondo la rivelazione ch'egli avea avuto, e poi andarsene a paradiso; così credea fare, immantanente che fusse ricevuto all'Ordine. Andò dunque e fu ricevuto, e veggendo che li suoi pensieri non si adempievano allora, dicendo il ministro in Capitolo che chiunque volesse andare nella provincia di Provenza, per lo merito della santa obbidienza, egli gli darebbe la licenza; vennegli grande desiderio di andarvi, pensando nel cuore suo che quello fusse il grande viaggio che dovea fare inanzi ch'egli andasse a paradiso. Ma vergognandosi di dirlo, finalmente confidandosi di frate Filippo predetto, il quale l'avea fatto ricevere all'Ordine, sì lo pregò caramente che gli accattasse quella grazia d'andare nella provincia di Provenza. Allora frate Filippo veggendo la sua purità e la sua santa intenzione, sì gli accattò quella licenza onde frate Giovanni con grande letizia si mosse a andare, avendo questa opinione per certo che, compiuta quella via, se ne andrebbe in paradiso. Ma come piacque a Dio, egli stette nella detta provincia venticinque anni in questa espettazione e disiderio, vivendo in grandissima onestà e santità ed esemplarità, crescendo sempre in virtù e grazia di Dio e del popolo, ed era sommamente amato da' frati e da' secolari.

Istandosi un dì frate Giovanni divotamente in orazione e piangendo e lamentandosi, perché il suo desiderio non si adempieva e che 'l suo pellegrinaggio di cotesta vita troppo si prolungava: gli apparve Cristo benedetto, al cui aspetto l'anima sua fu tutta liquefatta, e dissegli Cristo: “Figliuolo frate Giovanni, addomandami ciò che tu vuogli”. Ed egli risponde: “Signore mio, io non so che mi ti addimandare altro che te, però ch'io non disidero nessuna altra cosa, ma di questo solo ti priego, che tu mi perdoni tutti li miei peccati e diami grazia che' io ti veggia un'altra volta quando n'arò maggiore bisogno”. Disse Cristo: “Esaudita è la tua orazione”. E detto cotesto si partì, e frate Giovanni rimase tutto consolato.

Alla perfine, udendo li frati della Marca la fama di sua santità, feciono tanto col Generale, che gli mandò la obbedienza di tornare nella Marca, la quale obbedienza ricevendo egli lietamente, sì si mise in cammino, pensando che, compiuta quella via, se ne dovesse andare in cielo, secondo la promessa di Cristo. Ma tornato ch'egli fu alla provincia della Marca, vivette in essa trenta anni, e non era riconosciuto da nessuno suo parente, ed ogni dì aspettava la misericordia di Dio, ch'egli gli adempiesse la promessa. E in questo tempo fece più volte l'ufficio della guardiania con grande discrezione, e Iddio per lui adoperò molti miracoli.

E tra gli altri doni, ch'egli ebbe da Dio, ebbe spirito di profezia; onde una volta, andando egli fuori del luogo, uno suo novizio fu combattuto dal demonio e sì forte tentato, che egli acconsentendo alla tentazione, diliberò in se medesimo d'uscire dell'Ordine, sì tosto come frate Giovanni fusse tornato di fuori: la quale tentazione e deliberazione conoscendo frate Giovanni per ispirito di profezia, immantanente ritorna a casa e chiama a sé il detto novizio, e dice che vuole che si confessi. Ma in prima ch'egli si confessi, sì gli recitò per ordine tutta la sua tentazione, secondo che Iddio gli aveva rivelato, e conchiuse: “Figliuolo, imperò che tu m'aspettasti e non ti volesti partire sanza la mia benedizione, Iddio t'ha fatta questa grazia, che giammai di questo Ordine tu non uscirai ma morrai nell'Ordine, colla divina grazia”. Allora il detto novizio fu confermato in buona volontà e rimanendo nell'Ordine diventò uno santo frate. E tutte queste cose recitò a me frate Ugolino.

Il detto frate Giovanni, il quale era uomo con animo allegro e riposato e rade volte parlava, ed era uomo di grande orazione e divozione e spezialmente dopo il mattutino mai non tornava alla cella, ma istava in chiesa per insino a dì in orazione; stando egli una notte dopo il mattutino in orazione, sì gli apparve l'Agnolo di Dio e dissegli: "Frate Giovanni, egli è compiuta la via tua, la quale tu hai tanto tempo aspettata; e però io t'annunzio dalla parte di Dio che tu addimandi qual grazia tu vuogli. Ed anche t'annunzio che tu elegga quale tu vuogli, o uno dì in purgatorio, o vuogli sette dì di pene in questo mondo". Ed eleggendo piuttosto frate Giovanni li sette dì di pene di questo mondo, subitamente egli infermò di diverse infermità, ché gli prese la febbre forte, e le gotte nelle mani e nelli piedi, e 'l mal del fianco e molti altri mali: ma quello che peggio gli facea si era ch'uno demonio gli stava dinanzi e tenea in mano una grande carta iscritta di tutti li peccati ch'egli avea mai fatti o pensati e diceagli: "Per questi peccati che tu hai fatti col pensiero e con la lingua e con le operazioni, tu se' dannato nel profondo dello inferno". Ed egli non si ricordava di nessuno bene ch'egli avesse mai fatto, né che fusse nell'Ordine, né che mai vi fosse stato, ma così si pensava d'essere dannato, come il demonio gli dicea. Onde quando egli era domandato com'egli stesse, rispondea: "Male, però che io sono dannato". Veggendo questo i frati, sì mandarono per uno frate antico ch'avea nome frate Matteo da Monte Robbiano, il quale era uno santo uomo e molto amico di questo frate Giovanni. E giunto il detto frate Matteo a costui il settimo dì della sua tribulazione, salutollo o domandollo com'egli stava. Rispuose, ched egli stava male, perch'egli era dannato. Allora disse frate Matteo: "Non ti ricordi tu, che tu ti se' molte volte confessato da me, ed io t'ho interamente assolto di tutti i tuoi peccati? Non ti ricordi tu ancora che tu hai servito sempre a Dio in questo santo Ordine molti anni? Appresso, non ti ricordi tu che la misericordia di Dio eccede tutti i peccati del mondo, e che Cristo benedetto nostro Salvatore pagò, per noi ricomperare infinito prezzo? E però abbi buona isperanza, ché per certo tu se' salvo". E in questo dire, imperò ch'egli era compiuto il termine della sua purgazione, si partì la tentazione e venne la consolazione.

E con grande letizia disse frate Giovanni a frate Matteo: "Imperò che tu se' affaticato e l'ora è tarda, io ti priego che tu vada a posarti". E frate Matteo non lo volea lasciare; ma pure finalmente, a grande sua istanza, si partì da lui ed andossi a posare. E frate Giovanni rimase solo col frate che 'l serviva. Ed ecco Cristo benedetto viene con grandissimo splendore e con eccessiva soavità d'odore, secondo ch'egli gli avea promesso d'apparirgli un'altra volta, cioè quando n'avesse maggior bisogno e sì lo sanò perfettamente da ogni sua infermità. Allora frate Giovanni con le mani giunte, ringraziando Iddio, che con ottimo fine avea terminato il suo grande viaggio della presente misera vita, e nelle mani di Cristo raccomandò e rendette l'anima sua a Dio, passando di questa vita mortale a vita eterna con Cristo benedetto, il quale egli con si lungo tempo avea disiderato e aspettato di vedere. Ed è riposto il detto frate Giovanni nel luogo della Penna di Santo Giovanni.

A laude di Gesù Cristo e del poverello Francesco. Amen.

46

Come frate Pacifico, istando in orazione, vide l'ariima di frate Umile suo fratello andare in cielo.

Nella detta provincia della Marca, dopo la morte di santo Francesco, furono due fratelli nell'Ordine, l'uno ebbe nome frate Umile e l'altro ebbe nome frate Pacifico; li quali furono uomini di grandissima santità e perfezione: e l'uno, cioè frate Umile, stava in nel luogo di Soffiano ed ivi si morì, e l'altro istava di famiglia in uno altro luogo assai lungi da lui. Come piacque a Dio, un dì frate Pacifico, istando in orazione in luogo solitario, fu ratto in estasi e vide l'anima del suo fratello Umile andare in cielo diritta, sanza altra ritenzione o impedimento; la quale allora si partia del corpo.

Avvenne che poi, dopo molti anni questo frate Pacifico che rimase, fu posto di famiglia nel detto luogo di Soffiano, dove il suo fratello era morto. In questo tempo li frati, a petizione de' signori di Bruforte, mutarono il detto luogo in un altro; di che, tra l'altre cose, eglino traslatarono le reliquie de' santi frati ch'erano morti in quello luogo. E venendo dalla sepoltura di frate Umile, il suo fratello frate Pacifico sì prese l'ossa sue e sì le lavò con buono vino e poi le rinvolse in una tovaglia bianca e con grande reverenza e divozione le baciava e piagneva; di che gli altri frati si maravigliavano e non aveano di lui buono esempio, imperò che essendo egli uomo di grande santità, parea che per amore sensuale e secolare egli piagnesse il suo fratello, e che più divozione egli mostrasse alle sue reliquie che a quelle degli altri frati ch'erano stati non di minore santità che frate Umile, ed erano degne di reverenza quanto le sue.

E conoscendo frate Pacifico la sinistra immaginazione de' frati soddisfece loro umilmente e disse: “Frati miei carissimi, non vi maravigliate se alle ossa del mio fratello io ho fatto quello che non ho fatto alle altre; imperò che, benedetto sia Iddio, e' non mi ha tratto, come voi credete, amore carnale; ma ho fatto così, però che quando il mio fratello passò di questa vita, orando io in luogo diserto e remoto da lui, vidi l'anima sua per diritta via salire in cielo; e però io son certo che le sue ossa sono sante e debbono essere in paradiso. E se Iddio m'avesse conceduta tanta certezza degli altri frati, quella medesima reverenza avrei fatta alle ossa loro”. Per la quale cosa li frati, veggendo la sua santa e divota intenzione, furono da lui bene edificati e laudarono Iddio, il quale fa così maravigliose cose a' santi suoi frati.

A laude di Gesù Cristo e del poverello Francesco. Amen.

47

Di quello santo frate a cui la Madre di Cristo apparve, quando era infermo, ed arrecogli tre bossoli di lattovaro.

Nel soprannominato luogo di Soffiano fu anticamente un frate Minore di sì grande santità e grazia, che tutto parea divino e spesse volte era ratto in Dio. Istando alcuna volta questo frate tutto assorto in Dio ed elevato, però ch'avea notabilmente la grazia della contemplazione, veniano a lui uccelli di diverse maniere e dimesticamente si posavano sopra le sue spalle e sopra il capo e in sulle mani, e cantavano meravigliosamente. Era costui molto solitario e rade volte parlava, ma quando era domandato di cosa veruna, rispondea sì graziosamente e sì saviamente che parea piuttosto agnolo che uomo, ed era di grandissima orazione e contemplazione, e li frati l'aveano in grande reverenza.

Compiendo questo frate il corso della sua virtuosa vita, secondo la divina disposizione infermò a morte, intanto che nessuna cosa potea prendere, e con questo non volea ricevere medicina nessuna carnale, ma tutta la sua confidenza era nel medico celestiale Gesù Cristo benedetto e nella sua benedetta Madre; dalla quale egli meritò per divina clemenza d'essere misericordiosamente visitato e medicato. Onde standos'egli una volta in sul letto disponendosi alla morte con tutto il cuore e con tutta la divozione, gli apparve la gloriosa vergine Maria madre di Cristo, con grandissima moltitudine d'agnoli e di sante vergini, con maraviglioso splendore, e appressossi al letto suo. Ond'egli ragguardandola prese grandissimo conforto e allegrezza, quanto all'anima e quanto al corpo, e cominciolla a pregare umilmente ched ella prieghi il suo diletto Figliuolo che per li suoi meriti il tragga della prigione della misera carne. E perseverando in questo priego con molte lagrime, la vergine Maria gli rispuose chiamandolo per nome: "Non dubitare, figliuolo, imperò ch'egli è esaudito il tuo priego, e io sono venuta per confortarti un poco, innanzi che tu ti parta di questa vita".

Erano allato alla vergine Maria tre sante vergini, le quali portavano in mano tre bossoli di lattovaro di smisurato odore e suavità. Allora la Vergine gloriosa prese e aperse uno di quelli bossoli, e tutta la casa fu ripiena d'odore; e prendendo con uno cucchiaio di quello lattovaro, il diede allo infermo, il quale sì tosto come l'ebbe assaggiato, lo infermo sentì tanto conforto e tanta dolcezza, che l'anima sua non parea che potesse stare nel corpo; ond'egli incominciò a dire: "Non più, o santissima Madre vergine benedetta, o medica benedetta e salvatrice della umana generazione; non più, ch'io non posso sostenere tanta suavità". Ma la pietosa e benigna Madre pure porgendo ispesso di quello lattovaro allo infermo e facendogliene prendere, votò tutto il bossolo. Poi, votato il primo bossolo, la Vergine beata prende il secondo e mettevi dentro il cucchiaio per dargliene; di che costui dolcemente si rammarica dicendo: "O beatissima Madre di Dio, o se l'anima mia è quasi tutta liquefatta per l'odore e suavità del primo lattovaro, come potrò io sostenere il secondo? Io ti priego, benedetta sopra tutti li santi e sopra tutti gli agnoli, che tu non me ne vogli più dare". Risponde la gloriosa donna: "Assaggia, figliuolo, pure un poco di questo secondo bossolo". E dandogliene un poco dissegli: "Oggimai, figliuolo, tu ne hai tanto che ti può bastare. Confortati, figliuolo, che tosto verrò per te e menerotti al reame del mio Figliuolo, il quale tu hai sempre desiderato e cercato".

E detto questo, accomiatandosi da lui si partì, ed egli rimase sì consolato e confortato per la dolcezza di questo confetto, che per più dì sopravvivette sazio e forte senza cibo nessuno corporale. E dopo alquanti dì, allegramente parlando co' frati, con grande letizia e giubilo passò di questa misera vita.

A laude di Gesù Cristo e del poverello Francesco. Amen.

48

Come frate Iacopo dalla Massa vide in visione tutti i frati Minori del mondo, in visione di uno arbore, e conobbe la virtù e li meriti e li vizi di ciascuno.

Frate Iacopo della Massa, al quale Iddio aperse l'uscio delli suoi segreti e diedegli perfetta scienza e intelligenza della divina Scrittura e delle cose future, fu di tanta santità, che frate Egidio da Sciesi e frate Marco da Montino e frate Ginepro e frate Lucido dissono di lui che non ne conoscieno nessuno nel mondo appo Dio maggiore che questo frate Iacopo.

Io gli ebbi grande desiderio di vederlo, imperò che pregando io certe cose di spirito, egli mi disse: "Se tu vuogli essere bene informato nella vita spirituale, procaccia di parlare con frate Iacopo della Massa, imperò che frate Egidio disiderava di essere alluminato da lui, e alle sue parole non si può aggiugnere né scemare; imperò che la mente sua è passata a' segreti celestiali e le parole sue sono parole dello Spirito Santo, e non è uomo sopra la terra ch'io tanto disideri di vedere". Questo frate Iacopo, nel principio del ministero di frate Giovanni da

Parma orando una volta fu ratto in Dio e stette tre dì in questo ratto in estasi, sospeso da ogni sentimento corporale, e istette sì insensibile, che i frati dubitavano che non fusse morto. E in questo ratto gli fu rivelato da Dio ciò che dovea essere e addivenire intorno alla nostra religione; per la qual cosa, quando l'udii, mi crebbe il disiderio di udirlo e di parlare con lui.

E quando piacque a Dio ch'io avessi agio di parlargli, io il priegai in cotesto modo: "Se vero è questo ch'io ho udito dire di te, io ti priego che tu non me lo tenga celato. Io ho udito che, quando tu istesti tre dì quasi morto, tra l'altre cose che Dio ti rivelò fu ciò che dovea addivenire in questa nostra religione, e questo ha avuto a dire frate Matteo ministro della Marca, al quale tu lo rivelasti per obbedienza". Allora frate Iacopo con grande umiltà gli concedette che quello che dicea frate Matteo era vero.

Il dire suo, cioè del detto frate Matteo ministro della Marca, era questo: "Io so di frate Iacopo al quale Iddio ha rivelato ciò che addiverrà nella nostra religione, imperò che frate Iacopo dalla Massa m'ha manifestato e detto che, dopo molte cose che Iddio gli rivelò nello stato della Chiesa militante, egli vide in visione un arbore bello e grande molto, la cui radice era d'oro, li frutti suoi erano uomini e tutti erano frati Minori. Li rami suoi principali erano distinti secondo il numero delle provincie dell'Ordine, e ciascuno ramo avea tanti frati, quanti v'erano nella provincia improntata in quello ramo: e allora egli seppe il numero di tutti li frati dell'Ordine e di ciascuna provincia, e anche li nomi loro e l'età e le condizioni e gli uffici grandi e le dignità e le grazie di tutti e le colpe. E vide frate Giovanni da Parma nel più alto luogo del ramo di mezzo di questo arbore; e nelle vette de' rami, ch'erano d'intorno a questo ramo di mezzo istavano li ministri di tutte le provincie. E dopo questo vide Cristo sedere su in uno trono grandissimo e candido, il quale Cristo chiamava santo Francesco, e davagli uno calice pieno di spirito di vita e mandavalo dicendo: "Va' e visita li frati tuoi, e da' loro bere di questo calice dello spirito della vita, imperò che lo ispirito di Satana si leverà contro a loro e percoteragli, e molti di loro cadranno e non si rileveranno". E diede Cristo a santo Francesco due Agnoli che lo accompagnassono.

E allora venne santo Francesco a porgere il calice della vita alli suoi frati, e cominciò a porgerlo a frate Giovanni, il quale prendendolo il bevette tutto quanto in fretta e divotamente, e subitamente diventò tutto luminoso come il sole. E dopo lui seguentemente santo Francesco il porgeva a tutti gli altri, e pochi ve n'erano di questi che con debita reverenza e divozione il prendessino e bevessino tutto. Quelli che 'l prendeano divotamente e beveanlo tutto, di subito diventavano isplendidi come il sole; e questi che tutto il versavano e non lo prendeano con divozione diventavano neri e oscuri e isformati a vedere e orribili, quelli che parte ne beveano e parte ne versavano, diventavano parte luminosi e parte tenebrosi, e più e meno secondo la misura del bere e del versare. Ma sopra tutti gli altri, il sopradetto frate Giovanni era risplendente, il quale più compiutamente avea bevuto il calice della vita, per lo quale egli avea più profondamente contemplato l'abisso della infinita luce divina, e in essa avea inteso l'avversità e la tempesta la quale si dovea levare contra la detta arbore, e crollare e commuovere i suoi rami. Per la qual cosa il detto frate Giovanni si parte dalla cima del ramo nel quale egli stava e, discendendo di sotto a tutti li rami, si nascose in sul sodo dello stipite dello arbore e stavasi tutto pensoso. E frate Bonaventura, il quale avea parte preso del calice e parte n'avea versato, salì in quello ramo e in quello luogo onde era disceso frate Giovanni. E stando nel detto luogo, sì gli diventarono l'unghie delle mani unghie di ferro aguzzate e taglienti come rasoi: di che egli si mosse di quello luogo dov'egli era salito, e con empito e furore volea gittarsi contro al detto frate Giovanni per nuocergli. Ma frate Giovanni, veggendo questo, gridò forte e raccomandossi a Cristo, il quale sedea nel trono: e Cristo al grido suo chiamò santo Francesco e diegli una pietra focaia tagliente e dissegli: "Va' con questa pietra e taglia l'unghie di frate Bonaventura, con le quali egli sì vuole graffiare frate Giovanni, sicché egli non gli possa nuocere". Allora santo Francesco venne e fece siccome Cristo gli avea comandato. E fatto questo, sì venne una tempesta di vento e percosse nello arbore così forte, che li frati ne cadeano a terra, e prima ne cadeano quelli che aveano versato tutto il calice dello spirito della vita, ed erano portati dalli demoni in luoghi tenebrosi e penosi. Ma il detto frate Giovanni, insieme con gli altri che aveano bevuto tutto il calice, furono traslatati dagli Agnoli in luogo di vita e di lume eterno e di splendore beato. E sì intendea e discernea il sopradetto frate Iacopo, che vedea la visione, particolarmente e distintamente ciò che vedea, quanto a' nomi e condizioni e stati di ciascheduno chiaramente. E tanto bastò quella tempesta contro allo arbore, ch'ella cadde e il vento ne la portò. E poi, immantanente che cessò la tempesta, della radice di questo arbore, ch'era d'oro, uscì un altro arbore tutto d'oro, lo quale produsse foglie e fiori e frutti orati. Del quale arbore e della sua dilatazione, profondità, bellezza e odore e virtù, è meglio a tacere che di ciò dire al presente.

A laude di Gesù Cristo e del poverello Francesco. Amen.

49

Come Cristo apparve a frate Giovanni della Vernia.

Fra gli altri frati e santi frati e figliuoli di santo Francesco, i quali, secondo che dice Salomone, sono la gloria del padre, fu a' nostri tempi nella detta provincia della Marca il venerabile e santo frate Giovanni da Fermo, il quale, per lo grande tempo che dimorò nel santo luogo della Vernia ed ivi passò di questa vita, si chiamava pure frate Giovanni della Vernia; però che fu uomo di singulare vita e di grande santità. Questo frate Giovanni, essendo fanciullo secolare, disiderava con tutto il cuore la via della penitenza, la quale mantiene la mondizia del corpo e dell'anima; onde, essendo ben piccolo fanciullo, egli cominciò a portare il coretto di maglia e 'l cerchio di ferro alle carni e fare grande astinenza; e spezialmente quando dimorava con li canonici di santo Pietro di Fermo, li quali viveano splendidamente, egli fuggia le dilizie corporali e macerava lo corpo suo con grande rigidità d'astinenza. Ma avendo in ciò i compagni molto contrari, li quali gli spogliavano il coretto e la sua astinenza in diversi modi impedivano; ed egli inspirato da Dio pensò di lasciare il mondo con li suoi amadori, e offerire sé tutto nelle braccia del Crocifisso, coll'abito del crocifisso santo Francesco. E così fece.

Ed essendo ricevuto all'Ordine così fanciullo e commesso alla cura del maestro delli novizi, egli diventò sì ispirituale e divoto, che alcuna volta udendo il detto maestro parlare di Dio, il cuore suo si struggea siccome la cera presso al fuoco; e con così grande suavità di grazia sì si riscaldava nello amore divino, ched egli, non potendo istare fermo a sostenere tanta suavità, si levava e come ebbro di spirito si scorrea ora per l'orto, or per la selva or per la chiesa secondo che la fiamma e l'empito dello spirito il sospignea. Poi in processo di tempo la divina grazia continovamente fece questo angelico uomo crescere di virtù in virtù e in doni celestiali e divine elevazioni e ratti, in tanto che alcuna volta la mente era levata agli splendori de' Cherubini, alcuna volta agli ardori de' Serafini, alcuna volta a' gaudii de' Beati, alcuna volta ad amorosi ed eccessivi abbracciamenti di Cristo, non solamente per gusti ispirituali dentro ma eziandio per espressi segni di fuori e gusti corporali. E singularmente per eccessivo modo una volta accese il suo cuore la fiamma del divino amore, e durò in lui cotesta fiamma ben tre anni; nel quale tempo egli ricevea maravigliose consolazioni e visitazioni divine e ispesse volte era ratto in Dio, e brievemente nel detto tempo egli parea tutto affocato e acceso dello amore di Cristo. E questo fu in sul monte santo della Vernia.

Ma imperò che Iddio ha singolare cura de' suoi figliuoli, dando loro, secondo i diversi tempi, ora consolazione, ora tribolazione ora prosperità, ora avversità, siccome e' vede ch'abbisogna loro a mantenersi in umiltà, ovvero per accendere più il loro desiderio alle cose celestiali; piacque alla divina bontà, dopo li tre anni, sottrarre dello detto frate Giovanni questo raggio e questa fiamma del divino amore, e privollo d'ogni consolazione spirituale: di che frate Giovanni rimase sanza lume e sanza amore di Dio e tutto sconsolato e afflitto e addolorato. Per la qual cosa egli così angoscioso se ne andava per la selva discorrendo in qua e in là, chiamando con voce e con pianti e con sospiri il diletto isposo dell'anima sua, il quale s'era nascosto e partito da lui, e sanza la cui presenza l'anima sua non trovava requie né riposo; ma in nessun luogo né in nessun modo egli potea ritrovare il dolce Gesù, né rabbattersi a quelli soavissimi gusti ispirituali dello amore di Cristo, come gli era usato. E durogli questa cotale tribulazione per molti dì, nelli quali egli perseverò in continovo piagnere e in sospirare e in pregare Iddio che gli rendesse per la sua pietà il diletto isposo dell'anima sua.

Alla perfine, quando piacque a Dio d'avere provato assai la sua pazienza e acceso il suo desiderio, un dì che frate Giovanni, s'andava per la detta selva così afflitto e tribolato, per lassezza si puose a sedere accostandosi ad uno faggio, e stava colla faccia tutta bagnata di lagrime guatando inverso il cielo, ecco subitamente apparve Gesù Cristo presso a lui nel viottolo onde esso frate Giovanni era venuto ma non dicea nulla. Veggendolo frate Giovanni e riconoscendolo bene che egli era Cristo, subitamente se gli gittò a' piedi e con ismisurato pianto il pregava umilissimamente e dicea: "Soccorrimi, Signore mio, ché sanza te, salvatore mio dolcissimo, io sto in tenebre e in pianto; e sanza te, Agnello mansuetissimo, io sto in angoscie e in pene e in paura; sanza te, Figliuolo di Dio altissimo, io sto in confusione e in vergogna; sanza te io sono ispogliato d'ogni bene ed accecato, imperò che tu se' Gesù Cristo, vera luce delle anime; sanza te io sono perduto e dannato, imperò che tu se' vita delle anime e vita delle vite, sanza te io sono sterile e arido, però che tu se' fontana d'ogni dono e d'ogni grazia; e sanza te io sono al tutto isconsolato; però che tu se' Gesù nostra redenzione, amore e disiderio, pane confortativo e vino che rallegri i cuori degli Agnoli e i cuori di tutti i Santi. Allumina me, maestro graziosissimo e pastore piatosissimo imperò ch'io sono tua pecorella, benché indegna sia".

Ma perché il desiderio dei santi uomini, il quale Iddio indugia ad esaudire, sì li accende a maggiore amore e merito, Cristo benedetto si parte sanza esaudirlo e sanza parlargli niente, e vassene per lo detto viottolo. Allora frate Giovanni si leva suso e corregli dietro e da capo gli si gitta a' piedi, e con una santa importunità sì lo ritiene e con divotissime lagrime il priega e dice: "O Gesù Cristo dolcissimo, abbi misericordia di me tribolato. Esaudiscimi per la moltitudine della tua misericordia e per la verità della tua salute, e rendimi la letizia della faccia tua e del tuo piatoso sguardo, imperò che della tua misericordia è piena tutta la terra". E Cristo ancora si parte e non gli parla niente, nè gli dà veruna consolazione; e fa a modo che la madre al fanciullo quando lo fa bramare la poppa, e fasselo venire dietro piangendo, acciò ch'egli la prenda poi più volentieri.

Di che frate Giovanni ancora con maggiore fervore e disiderio seguita Cristo; e giunto che egli fu a lui, Cristo benedetto si rivolge a lui e riguardollo col viso allegro e grazioso, e aprendo le sue santissime e misericordiosissime braccia sì lo abbracciò dolcissimamente: e in quello aprire delle braccia vide frate Giovanni uscire dal sacratissimo petto del Salvatore raggi di luce isplendenti, i quali alluminavano tutta la selva ed eziandio lui nell'anima e nel corpo.

Allora frate Giovanni s'inginocchiò a' piedi di Cristo; e Gesù benedetto a modo che alla Maddalena, gli porse il piede benignamente a baciare, e frate Giovanni, prendendolo con somma riverenza, il bagnò di tante lagrime che veramente egli parea un'altra Maddalena, e sì dicea divotamente: "Io ti priego, Signore mio, che tu non ragguardi alli miei peccati, ma per la tua santissima passione e per la isparsione del tuo santissimo sangue prezioso, resuscita l'anima mia nella grazia del tuo amore, con ciò sia cosa che questo sia il tuo comandamento, che noi ti amiamo con tutto il cuore e con tutto l'affetto; il quale comandamento nessuno può adempiere sanza il tuo aiuto. Aiutami dunque, amantissimo Figliuolo di Dio, sì ch'io ami te con tutto il mio cuore e con tutte le mie forze".

E stando così frate Giovanni in questo parlare ai pie' di Cristo, fu da lui esaudito e riebbe da lui la prima grazia, cioè della fiamma del divino amore, e tutto si sentì rinnovato e consolato; e conoscendo il dono della divina grazia essere ritornato in lui, Sì cominciò a ringraziare Cristo benedetto e a baciare divotamente li suoi piedi. E poi rizzandosi per riguardare Cristo in faccia, Gesù gli stese e porse le sue mani santissime a baciare, e baciate che frate Giovanni l'ebbe, sì si appressò e accostò al petto di Gesù e abbracciollo e baciollo, e Cristo similemente abbracciò e baciò lui. E in questo abbracciare e baciare, frate Giovanni sentì tanto odore divino, che se tutte le spezie odorifere e tutte le cose odorose del mondo fossono istate raunate insieme, sarebbono parute uno puzzo a comparazione di quello odore; e in esso frate Giovanni fu ratto e consolato e illuminato, e durogli quell'odore nell'anima sua molti mesi.

E d'allora innanzi della sua bocca, abbeverata alla fonte della divina sapienza nel sacrato petto del Salvatore, uscivano parole maravigliose e celestiali, le quali mutavano li cuori, che 'n chi l'udiva facevano grande frutto all'anima. E nel viottolo della selva, nel quale stettono i benedetti piedi di Cristo, e per buono spazio d'intorno, sentia frate Giovanni quello odore e vedea quello isplendore sempre, quando v'andava ivi a grande tempo poi.

Ritornando in sé poi frate Giovanni dopo quel ratto e disparendo la presenza corporale di Cristo, egli rimase così illuminato nell'anima, nello abisso della sua divinità, che bene che non fosse uomo litterato per umano studio, nientedimeno egli maravigliosamente solvea e dichiarava le sottilissime quistioni ed alte della Trinità divina e li profondi misteri della santa Iscrittura. E molte volte poi parlando dinanzi al Papa e i cardinali e re e baroni e a' maestri e dottori, tutti li mettea in grande stupore per le alte parole e profondissime sentenze che dicea.

A laude di Gesù Cristo e del poverello Francesco. Amen.

50

Come dicendo messa il dì de' morti, frate Giovanni della Vernia vide molte anime liberate del purgatorio.

Dicendo una volta il detto frate Giovanni la messa il dì dopo Ognissanti per tutte l'anime de' morti, secondo che la Chiesa ha ordinato, offerse con tanto affetto di carità e con tanta piatà di compassione quello altissimo Sacramento (che per la sua efficacia l'anime de' morti desiderano sopra tutti gli altri beni che sopra tutto a loro si possono fare) ch'egli parea tutto che si struggesse per dolcezza di pietà e carità fraterna. Per la qual cosa in quella messa levando divotamente il corpo di Cristo e offerendolo a Dio Padre e pregandolo che per amore del suo benedetto figliuolo Gesù Cristo, il quale per ricomperare le anime era penduto in croce, gli piacesse liberare delle pene del purgatorio l'anime de' morti da lui create e ricomperate; immantanente egli vide quasi infinite anime uscire di purgatorio, a modo che faville di fuoco innumerabili ch'uscissono d'una fornace accesa, e videle salire in cielo per li meriti della passione di Cristo, il quale ognindì è offerto per li vivi e per li morti in quella sacratissima ostia, degna d'essere adorata in secula seculorum.

A laude di Gesù Cristo e del poverello Francesco. Amen.

51

Del santo frate Iacopo da Fallerone; e come, poi che morì apparve a frate Giovanni della Vernia.

Al tempo che frate Iacopo da Fallerone, uomo di grande santità, era gravemente infermo nel luogo di Molliano nella custodia di Fermo; frate Giovanni della Vernia, il quale dimorava allora al luogo della Massa, udendo della sua infermità, imperò che lo amava come suo caro padre, si puose in orazione per lui pregando Iddio divotamente con orazione mentale ch'al detto frate Iacopo rendesse sanità del corpo, se fusse il meglio dell'anima. E istando in questa divota orazione, fu ratto in estasi e vide in aria un grande esercito d'Agnoli e Santi sopra la cella sua, ch'era nella selva, con tanto splendore, che tutta la contrada dintorno n'era illuminata. E fra questi Agnoli vide questo frate Iacopo infermo, per cui egli pregava, istare in vestimenti candidi tutto risplendiente. Vide ancora tra loro il padre beato santo Francesco adornato delle sacre Istimate di Cristo e di molta gloria. Videvi ancora e riconobbevi frate Lucido santo, e frate Matteo antico dal monte Rubbiano e più altri frati, li quali non avea mai veduti né conosciuti in questa vita. E ragguardando così frate Giovanni con grande diletto quella beata schiera di Santi, sì gli fu rivelata di certo la salvazione dell'anima del detto frate infermo, e che di quella infermità dovea morire, ma non così di subito, e dopo la morte dovea andare a paradiso, però che convenia un poco purgarsi in purgatorio. Della quale rivelazione il detto frate Giovanni aveva tanta allegrezza per la salute della anima, che della morte del corpo non si sentia niente, ma con grande dolcezza di spirito il chiamava tra se medesimo dicendo: "Frate Iacopo, dolce padre mio; frate Iacopo, dolce mio fratello; frate Iacopo, fedelissimo servo e amico di Dio; frate Iacopo, compagno degli Agnoli e consorto de' Beati". E così in questa certezza e gaudio ritornò in sé, e incontanente si partì dal luogo e andò a visitare il detto frate Iacopo a Molliano.

E trovandolo sì gravato che appena potea parlare, sì gli annunziò la morte del corpo e la salute e gloria dell'anima, secondo la certezza che ne aveva per la divina rivelazione, di che frate Iacopo tutto rallegrato nello animo e nella faccia, lo ricevette con grande letizia e con giocondo riso, ringraziandolo delle buone novelle che gli apportava e raccomandandosi a lui divotamente. Allora frate Giovanni il pregò caramente che dopo la morte sua dovesse tornare a lui a parlargli del suo stato; e frate Iacopo glielo promise, se piacesse a Dio. E dette queste parole, appressandosi l'ora del suo passamento, frate Iacopo cominciò a dire divotamente quello verso del salmo: *In pace in idipsum dormiam et requiescam,* cioè a dire: "In pace in vita eterna m'addormenterò e riposerò"; e detto questo verso, con gioconda e lieta faccia passò di questa vita.

E poi che fu soppellito, frate Giovanni si tornò al luogo della Massa e aspettava la promessa di frate Iacopo, che tornasse a lui il dì ch'avea detto. Ma il detto dì orando egli, gli apparve Cristo con grande compagnia d'Agnoli e Santi, tra li quali non era frate Iacopo; onde frate Giovanni, maravigliandosi molto, raccomandollo a Cristo divotamente. Poi il dì seguente, orando frate Giovanni nella selva, gli apparve frate Iacopo accompagnato dagli Agnoli, tutto glorioso e tutto lieto, e dissegli frate Giovanni: "O padre carissimo, perché non se' tu tornato a me il dì che tu mi promettesti?". Rispuose frate Iacopo: "Però ch'io avevo bisogno d'alcuna purgazione; ma in quella medesima ora che Cristo t'apparve e tu me gli raccomandasti, Cristo te esaudì e me liberò d'ogni pena. E allora io apparii a frate Iacopo della Massa, laico santo, il quale serviva messa e vide l'ostia consecrata, quando il prete la levò, convertita e mutata in forma d'uno fanciullo vivo bellissimo, e dissigli: "Oggi con quello fanciullo me ne vo al reame di vita eterna, al quale nessuno puote andare sanza lui". E dette queste parole, frate Iacopo sparì e andossene in cielo con tutta quella beata compagnia degli Agnoli; e frate Giovanni rimase molto consolato.

Morì il detto frate Iacopo da Fallerone la vigilia di santo Iacopo apostolo nel mese di luglio, nel sopradetto luogo di Molliano, nel quale per li suoi meriti la divina bontà adoperò dopo la sua morte molti miracoli.

A laude di Gesù Cristo e del poverello Francesco. Amen.

52

Della visione di frate Giovanni della Vernia, dove egli conobbe tutto l'ordine della santa Trinità.

Il sopraddetto frate Giovanni della Vernia, imperò che perfettamente aveva annegato ogni diletto e consolazione mondana e temporale, e in Dio aveva posto tutto il suo diletto e tutta la sua speranza, la divina bontà gli donava maravigliose consolazioni e revelazioni, e spezialmente nelle solennità di Cristo, onde appressandosi una volta la solennità della Natività di Cristo, nella quale di certo egli aspettava consolazione da Dio della dolce umanità di Gesù, lo Spirito santo gli mise nell'animo suo così grande ed eccessivo amore e fervore della carità di Cristo, per la quale egli s'era aumiliato a prendere la nostra umanità, che veramente gli parea che l'anima gli fusse tratta del corpo e ch'ella ardesse come una fornace. Lo quale ardore non potendo sofferire, s'angosciava e struggevasi tutto quanto e gridava ad alta voce, imperò che per lo impeto dello Spirito santo e per lo troppo fervore dello amore non si potea contenere del gridare. E in quell'ora che quello smisurato fervore, gli venia con esso sì forte e certa la speranza della sua salute, che punto del mondo non credea che, se allora fusse morto dovesse passare per lo purgatorio. E questo amore gli durò bene da sei mesi, benché quello eccessivo fervore non avesse così di continovo, ma gli venia a certe ore del dì.

E in questo tempo poi ricevette maravigliose visitazioni e consolazioni da Dio; e più volte fu ratto, siccome vide quel frate il quale da prima iscrisse queste cose. Tra le quali, una notte fu sì elevato e ratto in Dio, che vide in lui creatore tutte le cose create e celestiali e terrene e tutte le loro perfezioni e gradi e ordini distinti. E allora conobbe chiaramente come ogni cosa creata si presentava al suo Creatore, e come Iddio è sopra e dentro e di fuori e dallato a tutte le cose create. Appresso conobbe uno Iddio in tre persone e tre persone in un Iddio, e la infinita carità la quale fece il Figliuolo di Dio incarnare per obbidienza del Padre. E finalmente conobbe in quella visione siccome nessuna altra via era, per la quale l'anima possa andare a Dio e avere vita eterna, se non per Cristo benedetto, il quale è via e verità e vita dell'anima.

A laude di Gesù Cristo e del poverello Francesco. Amen.

53

Come, dicendo messa, frate Giovanni della Vernia cadde come fosse morto.

Al detto frate Giovanni in nel sopraddetto luogo di Molliano, secondo che recitarono li frati che vi erano presenti, addivenne una volta questo mirabile caso, che la prima notte dopo l'ottava di santo Lorenzo e infra l'ottava dell'Assunzione della Donna, avendo detto mattutino in chiesa con gli altri frati, e sopravvenendo in lui l'unzione della divina grazia, e' se ne andò nell'orto a contemplare la passione di Cristo e a disporsi con tutta la sua devozione a celebrare la messa, la quale gli toccava la mattina a cantare. Ed essendo in contemplazione della parola della consacrazione del corpo di Cristo, cioè: *Hoc est corpus meum* e considerando la infinita carità di Cristo, per la quale egli ci volle non solamente comperare col suo sangue prezioso, ma eziandio lasciarci per cibo delle anime il suo corpo e sangue degnissimo; gli cominciò a crescere in tanto fervore e in tanta soavità l'amore del dolce Gesù, che già non potea più sostenere l'anima sua tanta dolcezza, ma gridava forte e come ebbro di spirito tra se medesimo non ristava di dire: *Hoc est corpas meum:* però che dicendo queste parole, gli parea vedere Cristo benedetto con la vergine Maria e con moltitudine d'Agnoli. E in questo dire era alluminato dallo Spirito santo di tutti i profondi e alti misteri di quello altissimo Sacramento.

E fatta che fu l'aurora egli entrò in chiesa con quel fervore di spirito e con quella ansietà e con quello dire, non credendo essere udito né veduto da persona, ma in coro era alcuno frate in orazione il quale udiva e vedeva tutto. E non potendo in quello fervore contenersi per l'abbondanza della divina grazia, gridava ad alta voce; e tanto stette in questo modo, che fu ora di dire messa; onde egli s'andò a parare allo altare e cominciò la messa. E quanto più procedeva oltre, tanto più gli cresceva l'amore di Cristo e quello fervore della divozione, col quale e' gli era dato un sentimento di Dio ineffabile, il quale egli medesimo non sapea né potea poi esprimere con la lingua. Di che temendo egli che quello fervore e sentimento di Dio crescesse tanto che gli convenisse lasciare la messa, fu in grande perplessità e non sapea che parte si prendere, o di procedere oltre nella messa o di stare a aspettare. Ma imperò che altra volta gli era addivenuto simile caso, e 'l Signore avea sì temperato quello fervore che non gli era convenuto lasciare la messa; confidandosi di potere così fare questa volta, con grande timore si mise a procedere oltre nella messa; e pervenendo insino al Prefazio della Donna, gli cominciò tanto a crescere la divina illuminazione e la graziosa soavità dello amore di Dio, che vegnendo a *Qui pridie quam,* appena potea sostenere tanta soavità e dolcezza. Finalmente giugnendo all'atto della consecrazione, e detto la metà delle parole sopra l'ostia, cioè *Hoc est enim,* per nessuno modo potea procedere più oltre, ma pure repetia queste medesime parole, cioè *Hoc est enim;* e la cagione perché non potea procedere più oltre, si era che e' sentia e vedea la presenza di Cristo con moltitudine di Agnoli, la cui maestà non potea sofferire; e vedea che Cristo non entrava nella ostia, né ovvero che l'ostia non si transustanziava nel corpo di Cristo se egli non proferia l'altra metà delle parole, cioè *corpus meum*. Di che stando egli in questa ansietà e non procedendo più oltre, il guardiano e gli altri frati ed eziandio molti secolari ch'erano in chiesa ad udire la messa, s'appressarono allo altare e stavano ispaventati a vedere e a considerare gli atti di frate Giovanni; e molti di loro piagnevano per divozione. Alla perfine, dopo grande spazio, cioè quando piacque a Dio, frate Giovanni proferì *Corpus meam* ad alta voce; e di subito la forma del pane isvanì, e nell'ostia apparì Gesù Cristo benedetto incarnato e glorificato, e dimostrogli la umiltà e carità la quale il fece incarnare della vergine Maria e la quale il fa venire ognindì nelle mani del sacerdote quando consacra l'ostia. Per la qual cosa egli fu più elevato in dolcezza di contemplazione. Onde levato ch'egli ebbe l'ostia e il calice consacrato, egli fu ratto fuori di se medesimo; ed essendo l'anima sospesa dalli sentimenti corporali, il corpo suo cadde indietro, e se non che fu sostenuto dal guardiano, il quale gli stava dietro, cadea supino in terra. Di che, accorrendovi li frati e li secolari ch'erano in chiesa, uomini e donne, ne fu portato in sagrestia come morto, imperò che il corpo suo era raffreddato come corpo morto, e le dita delle mani si erano rattrappate sì forte che non si poteano appena distendere punto o muovere. In questo modo giacque così tramortito ovvero ratto insino a terza; ed era di state.

E però ch'io, il quale fui a questo presente, disiderava molto di sapere quello che Iddio avea adoperato inverso lui, immantanente che egli fu ritornato in sé, andai a lui e priega 'lo per la carità di Dio ch'egli mi dovesse dire ogni cosa. Onde egli, perché si fidava molto di me, mi innarrò ogni cosa molto per ordine; e tra l'altre cose egli mi disse che, considerando egli il corpo e 'l sangue di

Gesù Cristo anche innanzi, il suo cuore era liquido come una cera molto istemperata, e la carne sua gli parea che fosse sanza ossa per tale modo, che questi non potea levare le braccia né le mani a fare il segno della croce sopra l'ostia né sopra il calice. Anche sì mi disse che, innanzi che si facesse prete, gli era stato rivelato da Dio ch'egli dovea venire meno nella messa; ma, però che già avea detto molte messe e non gli era quello addivenuto, pensava che la rivelazione non fosse stata da Dio. E nientedimeno cinque anni innanzi all'Assunzione della Donna, nella quale il sopraddetto caso gli addivenne, anco gli era da Dio istato rivelato che in quel caso gli avea a divenire intorno alla detta festa dell'Assunzione, ma poi non se ne ricordava della detta rivelazione.

A laude di Gesù Cristo e del poverello Francesco. Amen.

- FINE -

VITA BREVE DI SAN FRANCESCO

LA LEGGENDA MINOR

SAN BONAVENTURA
DA BAGNOREGIO

1

LA CONVERSIONE

LEZIONE I

La grazia di Dio, nostro salvatore, è apparsa in questi ultimi tempi, nel suo servo Francesco.

Il Padre della misericordia e della luce gli venne incontro con la dolcezza e l'abbondanza delle sue benedizioni, come appare luminosamente dal corso della sua vita, e non soltanto dalle tenebre del mondo lo attrasse alla luce, ma lo rese anche famoso per il dono singolare di virtù perfette e per i meriti.

Lo indicò, inoltre, come segno particolarmente luminoso per mezzo degli splendenti misteri della Croce che dispiegò intorno a lui.

Nato nella città di Assisi, dalle parti della valle di Spoleto, egli dapprima fu chiamato Giovanni dalla madre; poi, Francesco, dal padre: e certo egli tenne, quanto al suono, il nome imposto dal padre, ma, quanto al significato, realizzò quello del nome imposto dalla madre.

Durante l'età giovanile fu allevato nelle vanità, in mezzo ai vani figli degli uomini, e, dopo un'istruzione sommaria, venne destinato alla lucrosa attività del commercio: eppure, per l'assistenza e la protezione divina, non seguì gli istinti sfrenati della carne, benché in mezzo a giovani licenziosi, e, benché in mezzo a mercanti tesi al guadagno, non *ripose la sua speranza nel danaro e nei tesori.*

LEZIONE II

Dio, infatti, aveva immesso nel cuore del giovane Francesco, insieme con una dolce mansuetudine, una particolare generosità e compassione verso i poveri.

Crescendo con lui fin dall'infanzia, questa aveva ricolmato il suo cuore di tanta bontà che egli si propose di dare a chiunque gli chiedesse, specialmente se chiedeva per amore di Dio: non era più, ormai, uno che ascoltasse il Vangelo da sordo.

Proprio nel fiore della giovinezza si legò al Signore con la ferma, solenne promessa di non dire mai di no, se ne aveva la possibilità, a quanti gli chiedevano qualcosa per amore del Signore. Continuando ad osservare così nobile promessa fino alla morte, incrementò in misura sempre più copiosa l'amore verso Dio e la grazia.

Era sempre viva nel suo cuore questa fiammella dell'amor di Dio; ma egli, adolescente ancora e involto nelle preoccupazioni terrene, non conosceva il mistero della chiamata celeste; finché *scese su di lui la mano del Signore* ed egli fu purificato nel corpo da una malattia grave e lunga e fu illuminato nell'anima dall'unzione dello Spirito Santo.

LEZIONE III

Quando, in seguito, ebbe riacquistate, comunque, le forze del corpo e mutato in meglio lo spirito, incontrò inaspettatamente un cavaliere, nobile di stirpe, ma povero di sostanze. Correndo col ricordo a Cristo, re generoso e povero, si sentì spinto verso quell'uomo da una pietà così grande che depose i suoi vestiti decorosi e appena acquistati e subito, spogliando se stesso, ne rivestì l'altro.

La notte successiva, mentre riposava, Colui per amore del quale aveva soccorso il cavaliere bisognoso, si degnò di mostrargli con una rivelazione un palazzo magnifico e grandioso, in cui c'erano armi da combattimento contraddistinte con il segno della croce e gli promise e garantì con sicurezza che tutto quanto aveva visto sarebbe stato suo e dei suoi commilitoni, se avesse impugnato intrepidamente il vessillo della Croce di Cristo.

Da allora egli si sottraeva al chiasso degli affari e del pubblico e cercava luoghi solitari, amici al pianto; là, abbandonandosi a *gemiti inesprimibili,* dopo lunghe e insistenti preghiere, con le quali chiedeva al Signore di indicargli la via della perfezione, meritò di essere esaudito, secondo i suoi desideri.

LEZIONE IV

Difatti, uno di quei giorni, mentre pregava, così, tagliato fuori dal mondo, gli apparve Cristo Gesù, con l'aspetto di uno confitto sulla croce e gli fece sentire, interiormente quella parola del Vangelo: *Chi vuol venire dietro a me rinneghi se stesso, prenda la sua croce e mi segua.* Quella parola fu tanto, efficace che, all'interno dello spirito, lo infiammò con il fuoco dell'amore e lo riempì con l'amarezza della compassione E mentre, guardando la visione sentiva sciogliersi l'anima, il ricordo della passione di Cristo si stampò nell'intimo del suo cuore, fin nelle midolla. Tanto che, dentro di sé, vedeva quasi ininterrottamente, con gli occhi dell'anima, le piaghe del Signore crocifisso e, al di fuori, riusciva a stento a trattenere le lacrime e i sospiri.

E siccome, a confronto dell'amore di Cristo, ormai

gli riuscivano *spregevoli tutti i beni della sua casa* e li stimava *come un nulla*, sentiva di avere scoperto il *tesoro nascosto* e la splendente *pietra preziosa.* Attratto dal desiderio di possederli, decideva di staccarsi da tutte le cose sue e di scambiare, mercanteggiando secondo lo stile di Dio, gli affari del mondo con quelli del Vangelo.

LEZIONE V

Una volta uscì nella campagna, a meditare. Mentre passava vicino alla chiesa di San Damiano, che minacciava rovina per la eccessiva vecchiezza, si senti spinto dallo Spirito ed entrò a pregare. Prostratosi davanti all'immagine del Crocifisso, durante la preghiera fu ricolmato da non poca dolcezza e consolazione. E mentre, con gli occhi pieni di lacrime, fissava lo sguardo nella croce del Signore, udì con le orecchie del corpo in modo mirabile una voce che proveniva dalla croce e che per tre volte gli disse: «Francesco, va, ripara la mia casa, che, come vedi, va tutta in rovina».

Alla stupefacente esortazione di quella voce mirabile, l'uomo di Dio dapprima rimase atterrito; poi, colmo di gioia e di ammirazione, prontamente si alzò, e si impegnò totalmente a compiere l'incarico di riparare l'edificio esterno della chiesa: ma l'intenzione principale della Voce era diretta alla Chiesa, che Cristo acquistò con lo scambio prezioso del suo sangue, come lo Spirito Santo gli avrebbe insegnato ed egli stesso in seguito avrebbe rivelato ai suoi intimi.

LEZIONE VI

Poco dopo, nella misura in cui poté, distribuì tutto quanto per amore di Cristo; offrì del denaro al sacerdote poverello di quella chiesa, per la riparazione della medesima e per l'uso dei poveri e umilmente gli chiese che gli permettesse di dimorare con lui per qualche tempo.

Il sacerdote accondiscese a farlo rimanere, ma ricusò il denaro per paura dei genitori di lui. Perciò egli, ormai autentico spregiatore della ricchezza, scagliò su una finestra la borsa con l'oro, stimandolo merce vile, polvere abbietta.

Sentendo, poi, che, a causa di questo, suo padre era infuriato contro di lui, per *lasciar tempo all'ira,* si tenne nascosto per alcuni giorni in una fossa segreta, digiunando, pregando e piangendo. Finalmente, ricolmato di singolare letizia spirituale e *rivestito di potenza dall'alto,* uscì fuori fiduciosamente ed entrò animosamente in città. Vedendolo con il volto squallido e l'animo cambiato e, perciò, ritenendolo uscito di senno, i ragazzi gli scagliavano contro «il fango delle piazze», come si fa contro un pazzo, e lo insultavano con grandi schiamazzi: il servo del Signore, per nulla piegato o turbato da alcuna ingiuria, passava come sordo in mezzo a tutti.

LEZIONE VII

Suo padre, poi, più di tutti infuriato e fremente, quasi dimentico della pietà naturale, trascinò il figlio a casa e cominciò a tormentarlo: lo percosse e lo mise in catene, al fine di riuscire, mentre ne spezzava il corpo con le pene, a piegarne l'animo verso le attrattive del mondo.

Finalmente dovette costatare, per esperienza sicura, che il servo del Signore era prontissimo a sopportare qualsiasi difficoltà per Cristo. Siccome vide molto chiaramente che non avrebbe potuto farlo desistere, incominciò ad esercitare forti pressioni su di lui perché adisse insieme con lui il vescovo della città e, nelle mani di lui, rinunziasse ad ogni diritto di eredità sulle sostanze paterne.

Il servo del Signore spontaneamente si offrì di eseguire questo progetto e, non appena giunse alla presenza del presule, non soffrì indugi, non temporeggiò su nulla, non pretese parole e non ne rese: anzi, piuttosto, depose tutti quanti i vestiti, al punto che gettò via anche le mutande e, come ebbro di spirito, non temette di denudarsi totalmente, per amore di Colui che per noi pendette nudo sulla Croce.

LEZIONE VIII

Da allora, spregiatore del mondo, sciolto dalle catene delle bramosie terrestri, abbandonata la città, sicuro e libero andava cantando in mezzo ai boschi lodi al Signore, in lingua francese. Imbattutosi nei briganti, non ebbe paura, l'araldo del Gran Re, e non interruppe la laude: viandante seminudo e spoglio d'ogni cosa, *godeva della tribolazione*, secondo lo stile degli apostoli.

Da allora, amante di tutta l'umiltà, si dedicò ad onorare i lebbrosi, per imparare, prima di insegnarlo, il disprezzo di sé e del mondo, mentre si assoggettava alle persone miserabili e ripudiate, col giogo del servizio.

E in verità, prima egli era abituato ad avere in orrore i lebbrosi più che ogni altra categoria di uomini, ma quando l'effusione della grazia divenne in lui più copiosa egli si diede come schiavo ad ossequiarli con tanta umiltà di cuore che lavava i piedi e fasciava le piaghe e spremeva fuori la marcia e ripuliva la purulenza.

Perfino, per eccesso di fervore inaudito, si precipitava a baciare le piaghe incancrenite: *poneva*, così, *la sua bocca nella polvere, saziandosi di obbrobri*, per assoggettare con piena potestà l'arroganza della carne alla legge dello spirito e, soggiogato il nemico di casa, ottenere in pacifico possesso il dominio di sé.

LEZIONE IX

Fondato, ormai, nell'umiltà di Cristo e ricco di povertà, benché non possedesse proprio nulla, si diede tuttavia a riparare la chiesa, secondo la missione a lui assegnata dalla croce, con tale slancio che sottoponeva al peso delle pietre il corpo fiaccato dai digiuni e non aborriva dal richiedere l'aiuto dell'elemosina anche a coloro con i quali aveva avuto l'abitudine di vivere da ricco.

Inoltre, aiutato dalla pietà dei fedeli, che già avevano incominciato a riconoscere nell'uomo di Dio una virtù straordinaria, riparò non soltanto San Damiano, ma anche le chiese, cadenti e abbandonate, dedicate al Principe degli apostoli e alla Vergine gloriosa.

In tale modo egli preannunciava misteriosamente, col simbolo dell'azione esterna e sensibile, quanto il Signore si proponeva di realizzare per mezzo di lui negli spiriti.

Come, infatti, sotto la guida di quest'uomo santo furono riparati quei tre edifici, così doveva essere riparata in maniera triforme la Chiesa di Cristo; secondo la forma, la Regola e la dottrina da lui date. Di questo era stato un segno preannunciatore anche la voce venuta a lui dalla croce, che aveva replicato per tre volte l'incarico di riparare la casa di Dio e questo noi ora costatiamo realizzato nei tre Ordini da lui istituiti.

2

FONDAZIONE DELL'ORDINE. EFFICACIA NELLA PREDICAZIONE

LEZIONE I

Così era ormai compiuto il restauro delle tre chiese. Mentre egli dimorava assiduamente in quella dedicata alla Vergine, favorito dai meriti di Colei che profferse il prezzo della nostra salvezza, meritò di scoprire la via della perfezione, mediante lo spirito della verità evangelica in lui divinamente infuso.

Un giorno, durante la celebrazione della Messa, si leggeva quel brano del Vangelo, nel quale i discepoli vengono inviati a predicare e viene dettata ad essi la norma della vita evangelica: *non possedete oro né argento né rame nelle vostre cinture, non borsa da viaggio né due tuniche, né sandali, né bastone:* subito, a tali parole, lo investì e rivestì lo Spirito di Cristo con tale potenza che lo trasformò in quella norma di vita, non solo in rapporto al modo di conoscere e di sentire, ma anche in rapporto al modo di vivere e di vestire.

Immediatamente depose le calzature, gettò via il bastone, ripudiò borsa e denaro e, contento di una sola tonacuccia, lasciò la cintura e come cingolo prese una fune e mise tutto lo slancio del cuore nel ricercare in quale modo realizzare le cose sentite e rendere se stesso in tutto conforme alla regola della santità apostolica.

LEZIONE II

Finalmente, tutto acceso dalla forza fiammeggiante dello Spirito di Cristo, cominciò, come un altro Elia, a farsi appassionato predicatore della verità; cominciò ad avviare alcuni alla giustizia perfetta; cominciò ad avviare tutti gli altri a penitenza.

Non erano, i suoi, discorsi vani o degni di riso: erano pieni della forza dello Spirito Santo; erano tali che penetravano nel profondo del cuore: suscitavano perciò, forte stupore negli ascoltatori e piegavano, con la loro forza e la loro efficacia, la mente degli ostinati.

Siccome il suo proposito, sublime e santo, veniva a conoscenza di molti attraverso la semplice veracità sia della sua dottrina sia della sua vita, alcuni incominciarono a sentirsi animati a penitenza dal suo esempio e a lasciare tutto per unirsi strettamente con lui, nell'abito e nella vita: l'umile uomo giudicò che si chiamassero «frati minori».

LEZIONE III

In seguito alla chiamata di Dio, il numero dei frati era ormai salito a sei. Il loro pio padre e pastore, trovato un luogo solitario, in *molta amarezza di cuore* piangeva sulla sua vita di adolescente, trascorsa non senza colpa: mentre chiedeva perdono e grazie, per sé e per la prole, che *in Cristo aveva generato,* si sentì invadere da una singolare, esuberante letizia e si sentì garantire che tutte le colpe gli erano state rimesse pienamente: fino all'*ultimo quadrante.*

Rapito, perciò, al di fuori di sé e totalmente assorbito

in una luce vivificante, luminosamente vide gli avvenimenti futuri che riguardavano lui e i suoi frati, come egli stesso, in seguito, rivelò familiarmente a conforto del *piccolo gregge,* quando preannunciò che per la clemenza di Dio l'Ordine avrebbe progredito e si sarebbe ampliato.

In pochi giorni alcuni altri si unirono a lui e raggiunsero il numero di dodici. Perciò il servitore del Signore stabilì di presentarsi alla Sede Apostolica con quell'adunata di uomini semplici, per chiedere con umiltà e insistenza alla stessa santissima Sede di confermare con la sua autorità plenaria la norma di vita che il Signore antecedentemente gli aveva mostrata e che egli aveva anche scritta con brevi parole.

LEZIONE IV

Egli, dunque, si affrettava per presentarsi, secondo quanto stabilito, al cospetto del Sommo Pontefice, papa Innocenzo III. Ma lo prevenne, nella sua degnazione e clemenza, *Cristo potenza e sapienza di Dio,* che, per mezzo di una visione, ammonì il suo Vicario a prestare ascolto con dolcezza e ad acconsentire con benevolenza alle suppliche di quel poverello.

Difatti il Pontefice romano vide in sogno la Basilica Lateranense che stava ormai per crollare e un uomo poverello, piccolo e spregevole, che la sorreggeva, mettendovi sotto le proprie spalle, perché non cadesse.

Il saggio pontefice, pertanto, contemplando nel servitore di Dio la povertà, la costanza nel perseguire la perfezione, lo zelo per le anime, l'infocato fervore di una volontà santa, esclamò: «Veramente questi è colui che con l'opera e la dottrina sorreggerà la Chiesa di Cristo». Perciò, concependo da allora speciale devozione verso di lui e inchinandosi in tutto alle sue richieste, approvò la Regola, conferì il mandato di predicare la penitenza, concesse tutte le cose domandate e liberamente promise che di più ne avrebbe concesso in seguito.

LEZIONE V

Contando, da allora, sulla grazia che viene dall'alto e sull'autorità del Pontefice, Francesco affrontò con molta fiducia il cammino verso la valle Spoletana, deciso a realizzare coi fatti e ad insegnare con la parola la verità della perfezione evangelica, che aveva concepita nella mente e promessa in voto con la professione.

Mosse, inoltre, con i compagni la questione se dovevano vivere abitualmente in mezzo alla gente o appartarsi nei luoghi solitari. Dopo aver indagato con l'insistenza della preghiera quale fosse il volere divino su questo punto, fu illuminato dal responso di una rivelazione celeste e comprese che egli era stato inviato da Dio a questo scopo: guadagnare a Cristo le anime, che il diavolo si sforza di rapire.

Stabilì, perciò, che bisognava scegliere di vivere per tutti, piuttosto che per sé solo.

Si raccolse con i frati in un tugurio abbandonato, vicino ad Assisi, per viverci con tutti i rigori della vita religiosa, secondo la norma della santa povertà e predicare alle popolazioni la parola di Dio, secondo l'opportunità del tempo e del luogo.

Divenuto, dunque araldo del Vangelo, si aggirava per città e paesi, *annunciando il regno di Dio non con il linguaggio dotto della sapienza umana, ma nella potenza dello Spirito Santo:* il Signore dirigeva quel parlatore con rivelazioni anticipatrici e *confermava la sua parola con i prodigi che la accompagnavano.*

LEZIONE VI

Una volta, com'era suo costume, egli era intento a vegliare in preghiera, fisicamente lontano dai figli.

Verso la mezzanotte, mentre alcuni dei frati dormivano, alcuni pregavano, un carro di fuoco di mirabile splendore, sopra il quale era posto anche un globo di fuoco luminosissimo, in forma di sole, entrò dalla porticina della dimora dei frati e per tre volte si volse in qua e in là per l'abitazione.

A quella vista meravigliosa e preclara, rimasero stupefatti quelli che vegliavano; furono, insieme destati e atterriti quelli che dormivano: e avvertirono con pari intensità la chiarezza del cuore e quella del corpo, giacché, per virtù di quella luce mirabile, la coscienza di ciascuno fu nuda davanti alla coscienza di tutti gli altri.

Compresero tutti concordemente, mentre tutti leggevano nel cuore di ciascuno, che il Signore aveva fatto vedere loro il santo padre Francesco trasfigurato in quella immagine, per significare che egli era *venuto nello spirito e nella potenza di Elia* ed era stato eletto *principe della milizia spirituale, cocchio di Israele e suo auriga.*

E, appunto, il Santo, ritornato tra i frati, incominciò a fortificarli spiritualmente, sulla base della visione mostrata loro dal cielo, cominciò a scrutare minutamente i segreti delle loro coscienze e a predire, inoltre, il futuro e a risplendere con tali miracoli da mostrare chiaramente e palesemente come il duplice spirito di Elia si era posato su di lui con la sua pienezza, così che incamminarsi dietro la sua dottrina e la sua vita era per tutti la cosa più sicura.

LEZIONE VII

Un religioso, di nome Morico, che apparteneva allora all'Ordine dei Crociferi, si trovava in un ospedale vicino ad Assisi, colpito da una infermità così grave e così prolungata da farlo credere ormai prossimo a morte.

Divenuto un supplicante per interposta persona, chiedeva insistentemente all'uomo di Dio di volere intercedere presso Dio in suo favore.

Accondiscese benevolmente l'uomo pietoso e, dopo aver pregato, prese delle briciole di pane, le mescolò con l'olio della lampada che ardeva davanti all'altare della Vergine e, per mano dei frati, fece portare all'infermo quello speciale elettuario, dicendo: «Questa medicina, portatela al nostro fratello Morico: per mezzo di essa la potenza di Cristo non soltanto gli ridonerà piena salute, ma lo farà diventare un robusto combattente tra le nostre file, e ci resterà per sempre».

Appena l'infermo ebbe assaggiato quell'antidoto, fabbricato per invenzione dello Spirito Santo, si alzò sano e ottenne da Dio tanta vigoria di corpo e di spirito che di lì a poco entrò nella Religione del Santo, dove per lungo tempo portò sulle carni la lorica e, contento al più di cibi crudi, non beveva vino e non mangiava niente di cotto.

LEZIONE VIII

Sempre in quel tempo, un sacerdote della città di Assisi, di nome Silvestro – uomo di onorata condotta e semplice come colomba – vide in sogno tutta quella contrada circondata da un dragone immenso: sembrava che, a causa della sua schifosissima e orribile figura, la distruzione fosse ormai imminente su diverse parti del mondo.

Vedeva, dopo questa immagine, uscir fuori dalla bocca di Francesco una croce d'oro e risplendente: la sua punta toccava il cielo, mentre le braccia, protese per il largo, sembravano estendersi fino ai confini del mondo. Quella apparizione fulgentissima metteva definitivamente in fuga il drago schifoso e orrendo.

Quando gli fu mostrato ciò per la terza volta, l'uomo

pio e devoto a Dio comprese che Francesco era destinato dal Signore a questa missione: brandire il vessillo glorioso della Croce per infrangere la potenza del dragone maligno e illuminare i fedeli con le splendide luci della verità, contenuta nella sua vita e nella sua dottrina.

Narrò la visione per ordine all'uomo di Dio e ai frati e, non molto tempo dopo, lasciò il mondo e si mise sulle orme di Cristo, sull'esempio del beato padre, con tale perseveranza che, mediante la sua condotta nell'Ordine, rese autentica la visione avuta nel secolo.

LEZIONE IX

Un frate di nome Pacifico, quando ancora viveva da secolare, incontrò il servitore del Signore, che stava predicando in un monastero vicino al Borgo di San Severino.

Scesa la mano del Signore sopra di lui, vide Francesco segnato in forma di croce da due splendentissime spade, poste trasversalmente: una delle spade si stendeva dalla testa fino ai piedi e una si estendeva da una mano all'altra, attraverso il petto.

Egli non conosceva Francesco di persona, ma lo riconobbe subito, dopo che gli fu mostrato per mezzo di quella visione miracolosa. Fortemente stupito, compunto ed atterrito dalla forza delle sue parole, venne, per così dire, trafitto dalla spada dello spirito che usciva dalla sua bocca e, disprezzati definitivamente gli onori vani del mondo, si unì al beato padre mediante la professione della sua stessa vita.

In seguito, costui progredì in ogni forma di santità propria della vita religiosa e divenne ministro dell'Ordine in Francia – difatti fu il primo ad esercitare l'ufficio di ministro in quel paese. Ma, prima, meritò di vedere sulla fronte di Francesco un grande Tau, che spiccava per la varietà dei colori e rendeva meravigliosamente bella e adorna la sua faccia.

Poiché bisogna sapere che l'uomo di Dio venerava questo segno e gli era molto affezionato, lo raccomandava spesso nel parlare, con esso dava inizio alle sue azioni e lo scriveva di propria mano sotto quei bigliettini che inviava per motivo di carità, quasi che tutto il suo impegno fosse, come dice il profeta, nel *segnare il Tau sulla fronte degli uomini che gemono e piangono,* convertendosi a Cristo sinceramente.

3

VIRTÙ PRIVILEGIATE

LEZIONE I

L'insigne seguace di Gesù Crocifisso, l'uomo di Dio Francesco, fin dagli inizi della sua conversione *crocifiggeva la carne e le sue passioni* con il rigore della disciplina e frenava i moti dei sensi con la legge della moderazione in maniera tanto severa che a stento prendeva il sostentamento indispensabile alla natura.

Nei tempi in cui era sano, a fatica e di raro si permetteva vivande cotte e, quando se le permetteva, qualche volta le rendeva amare col mescolarvi della cenere oppure, per lo più, le rendeva insipide col versarci liquor d'acqua. Usò severa parchezza nel bere e *tenne lontano il corpo dal vino, per poter applicare la mente alla* luce della *sapienza.* Siamo in grado di costatarlo con chiarezza da questo particolare: quando era tormentato dall'arsura della sete, a stento osava bere a sufficienza perfino l'acqua fresca. Il più delle volte era la nuda terra il letto per il corpicciuolo stanco; guanciale, una pietra; e coperta era un vestito semplice, grinzoso ed ispido, giacché per esperienza sicura aveva imparato che i nemici maligni vengono messi in fuga dalle vesti dure e ruvide, mentre da quelle delicate e molli vengono animati a tentare con maggior baldanza.

LEZIONE II

Rigoroso nella disciplina, vigilava assai attentamente su se stesso e aveva cura speciale nel custodire quel tesoro inestimabile della castità, che noi portiamo nel *fragile vaso del corpo:* e anche il corpo egli si studiava di tenere con rispetto e santità, mediante l'integerrima purezza di tutto se stesso, carne e spirito.

Per questo agli inizi della sua conversione, nel tempo del gelo invernale, forte e fervente nello spirito, si immergeva per lo più in una fossa colma di ghiaccio o di neve, sia per rendersi perfettamente soggetto il nemico di casa, sia per preservare dal fuoco della concupiscenza la veste candida della purezza.

Con pratiche di questa specie incominciò anche ad apparire, nell'uso dei sensi, adorno di un pudore così luminoso e bello, che pareva aver conseguito ormai il pieno dominio della carne e *stabilito* con i suoi *occhi il patto* non solo di rifuggire da ogni sguardo sensuale, ma di astenersi totalmente da qualsiasi sguardo curioso o inutile.

LEZIONE III

Eppure, anche se aveva conquistato la purità del cuore e del corpo e si stava in certo modo avvicinando alla cima della santificazione, non cessava di purificare continuamente con là pioggia delle lacrime gli occhi dello spirito: bramava la purezza delle chiarità celesti e non si preoccupava che gli occhi del corpo si deteriorassero.

Infatti a causa del continuo piangere era incorso in una gravissima malattia di occhi. Il medico cercava di persuaderlo ad astenersi dalle lacrime, se voleva sfuggire alla cecità; ma egli non accondiscese in alcun modo, affermando che preferiva perdere la luce della vista corporale che frenare le lacrime e reprimere, così, la devozione dello spirito, poiché con le lacrime l'occhio interiore diventa mondo e riesce a vedere Dio.

L'uomo a Dio devoto, pur in mezzo a quel fluire di lacrime, era sereno, per dir così, di una giocondità celeste, sia nel cuore sia nel volto: il nitore della coscienza santa lo inondava di tanta letizia che *il suo spirito era* di continuo *rapito in Dio* e sempre *esultava per l'opera delle Sue mani.*

LEZIONE IV

L'umiltà, custode e ornamento di tutte le virtù, si era giuridicamente impadronita dell'uomo di Dio. Difatti, benché egli risplendesse per il privilegio di molte virtù, sembrava tuttavia che l'umiltà avesse conseguito un dominio particolare su di lui: minore di tutti i minori.

E certo secondo il criterio con cui lui stesso si giudicava, dichiarandosi il più grande peccatore, egli era proprio e soltanto *un piccolo e sudicio vaso di creta:* in realtà, invece, era un vaso eletto di santità, fulgido e adorno di molteplici virtù e di grazia, consacrato dalla purezza.

Si studiava di essere spregevole agli occhi propri ed altrui; di ripulire, confessandoli in pubblico, le macchie in lui nascoste e di celare nel segreto del cuore i doni del Datore supremo: non voleva in alcun modo che venisse rivelato, per averne gloria, quanto poteva essere occasione di rovina.

Piuttosto, per *compiere ogni giustizia* nella realizzazione dell'umiltà perfetta, si impegnò a rimanere soggetto non solo ai superiori, ma anche agli inferiori, a tal punto che aveva l'abitudine di promettere obbedienza anche al compagno di viaggio, fosse stato anche il più semplice. In questo modo egli non comandava autoritariamente, alla maniera di un prelato; ma, alla maniera di un ministro e di un servo, obbediva per umiltà anche ai sudditi.

LEZIONE V

Perfetto seguace di Cristo, si studiò pure di prendersi in isposa con amore eterno la eccelsa povertà, compagna della santa umiltà, e per essa non soltanto *lasciò il padre e la madre,* ma *distribuì ai poveri* tutto quanto poté avere.

Nessuno fu tanto avido di oro quanto costui della povertà; nessuno, più preoccupato di custodire un tesoro, quanto costui di custodire la pietra preziosa del Vangelo. Difatti, dai tempi della fondazione dell'Ordine fino alla morte, lo si vide, ricco di tonaca, corda e mutande, gloriarsi della penuria e godere dell'indigenza.

Se gli capitava d'incontrare qualcuno che, all'abito esterno, sembrava più povero di lui, immediatamente rimproverava se stesso e si incitava ad essere come lui, come se, nella gara per la povertà, temesse di essere vinto su questo punto, perché meno nobile di spirito.

A tutte le cose caduche aveva preferito la povertà, in quanto è pegno dell'eredità eterna, e riteneva un niente le ricchezze ingannevoli: un feudo concesso per un momento amava la povertà a preferenza delle grandi ricchezze e. in essa, desiderava superare tutti gli altri, lui che dalla povertà aveva imparato a ritenersi inferiore a tutti.

LEZIONE VI

Attraverso l'amore per l'altissima povertà, l'uomo di Dio divenne così florido e ricco di santa semplicità che, pur non avendo assolutamente nulla di proprio tra le cose del mondo, sembrava il possessore di tutti i beni, poiché possedeva l'Autore stesso di questo mondo. Infatti con l'acutezza della colomba, cioè con la penetrazione che è propria della mente semplice, e con lo sguardo puro della riflessione, egli riportava tutte le cose al Sommo Artefice e in tutte riconosceva, amava e lodava lo stesso Fattore. E così avveniva, per dono della clemenza celeste, che egli possedeva tutte le cose in Dio e Dio in tutte le cose.

Inoltre, in considerazione della prima origine di tutte le cose, chiamava tutte le creature, per quanto modeste, col nome di fratello e di sorella, considerando che, insieme con lui, provenivano da un unico Principio. Abbracciava, però, più appassionatamente e con maggiore dolcezza quelle che per somiglianza naturale rappresentano la pia mansuetudine di Cristo e la raffigurano per il significato loro attribuito dalla Scrittura.

A causa di questo, avveniva, per l'influsso della potenza soprannaturale, che gli animali si sentivano attratti verso di lui come da un senso di pietà; ma anche gli esseri insensibili obbedivano al suo cenno, come se quell'uomo santo, in quanto *semplice e retto,* fosse già stato ristabilito nello stato di *innocenza.*

LEZIONE VII

La Fonte della Misericordia aveva riversato nel servo del Signore anche una dolce compassione, con tale abbondanza e pienezza che egli, nel sollevare le miserie delle persone miserevoli, pareva portare in sé un cuore di madre. Gli era connaturale anche la clemenza, che la pietà di Cristo, infusa dall'alto, raddoppiava.

E così, per i malati e per i poveri, egli si sentiva struggere l'anima ed offriva l'affetto, quando non poteva offrire la mano. Ciò, perché qualunque forma di penuria o di privazione scorgesse in qualcuno, con la dolcezza del suo cuore pietoso la riferiva a Cristo.

In tutti quanti i poveri intravedeva il volto di Cristo e,

perciò, se gli veniva dato qualcosa di necessario per vivere, quando li incontrava non soltanto generosamente l'offriva a loro, ma giudicava pure che a loro si doveva restituire, come se appunto a loro appartenesse.

Non la perdonava assolutamente a nulla: mantelli, tonache, libri e perfino la suppellettile dell'altare: se appena lo poteva, tutto donava ai bisognosi a bramava anche di *spendere tutto se stesso*, per realizzare appieno il dovere della pietà perfetta.

LEZIONE VIII

Lo zelo per la salvezza dei fratelli, che si sprigionava dal fuoco della carità, trapassò come *spada affilata e fiammeggiante* le intime fibre di Francesco, a tal punto che quest' uomo appariva tutto *gelosia*, acceso da uno zelo bruciante, tormentato dalle pene della compassione.

Quando vedeva che le anime redente dal sangue prezioso di Cristo venivano insozzate dalla bruttura del peccato, Si sentiva trapassato da un dolore straordinario e trafiggente; le compiangeva con una commiserazione così tenera che ogni giorno le partoriva in Cristo, come una madre.

Da qui il suo accanimento nella preghiera, quel correre dovunque a predicare, quell'eccesso nel dare l'esempio: perché non si riteneva amico di Cristo, se non curava teneramente le anime che egli ha redento.

Per questa ragione, benché l'innocente sua carne, che già si assoggettava spontaneamente allo spirito, non avesse alcun bisogno di flagello, egli le moltiplicava i castighi e i pesi, in vista dell'esempio: in vista degli altri obbligava se stesso a *percorrere duri cammini*, per seguire perfettamente le orme di Colui che, per la salvezza degli altri, *consegnò la sua vita alla morte.*

LEZIONE IX

Quanto, poi, al fervore della carità perfetta, da cui l'amico dello Sposo si sentiva trasportato in Dio, ognuno può costatarlo da questo soprattutto: egli bramava ardentemente di immolarsi con la fiamma del martirio, *ostia viva,* a Dio.

Tre volte, per tale cagione, egli intraprese il cammino verso i paesi degli infedeli; ma le prime due volte ne fu impedito da disposizione divina. Finalmente la terza volta, dopo aver provato molti oltraggi, catene, percosse e fatiche innumerevoli, con la guida di Dio venne condotto al cospetto del Soldano di Babilonia: là *predicò il Vangelo di Cristo,* con una *manifestazione così efficace di spirito e di potenza* che lo stesso Soldano ne fu ammirato e, diventato mansueto per divina disposizione, lo ascoltò con benevolenza.

In realtà, egli notò in lui fervore di spirito, costanza d'animo, disprezzo della vita presente, efficacia nella Parola di Dio e concepì verso di lui tanta devozione che lo stimò degno di molto onore, gli offrì doni preziosi e lo invitò insistentemente a prolungare il soggiorno presso di lui.

Ma quel vero spregiatore di se stesso e del mondo rifiutò come fango tutte le cose offerte e, costatando che non poteva conseguire quanto si era proposto, dopo avere fatto schiettamente tutto ciò che poteva fare per ottenerlo, tornò tra i paesi cristiani come una rivelazione gli aveva suggerito.

E così avvenne che l'amico di Cristo cercasse con tutte le forze di morire per Lui e non potesse assolutamente riuscirvi. In tal modo, da una parte non gli mancò il merito del martirio desiderato, e, dall'altra, venne risparmiato per essere, più tardi insignito di un privilegio singolare.

4

DEDIZIONE ALLA PREGHIERA E SPIRITO DI PROFEZIA

LEZIONE I

Il servo di Cristo, vivendo nel corpo, si sentiva *in esilio dal Signore* e, mentre al di fuori era divenuto totalmente insensibile, per amor di Cristo, ai desideri della terra, si sforzava, *pregando senza interruzione,* di mantenere lo spirito alla presenza di Dio, per non rimanere privo della consolazione del Diletto.

Camminando e sedendo, in casa e fuori, lavorando e riposando, con la forza della mente restava così intento nella orazione da sembrare che avesse dedicato ad essa ogni parte di se stesso: non solo il cuore e il corpo, ma anche l'azione e il tempo.

Molte volte veniva investito da tale eccesso di devozione che, rapito al di sopra di se stesso, e oltrepassando i limiti della sensibilità umana, ignorava totalmente quanto avveniva al di fuori, intorno a lui.

LEZIONE II

Per accogliere con maggior raccoglimento l'interiore

elargizione delle consolazioni spirituali, si recava nella solitudine e nelle chiese abbandonate, per pregarvi di notte, quantunque anche là provasse le orrende battaglie dei demoni, che venivano a conflitto con lui, quasi con un contatto fisico, e si sforzavano di stornarlo dall'impegno della preghiera.

Ma l'uomo di Dio li metteva in fuga con la potenza e l'instancabile fervore delle preghiere, e così se ne restava solo e in pace.

Riempiva i boschi di gemiti, cospargeva quei luoghi di lacrime, si percuoteva il petto e, quasi dall'intimità di un più segreto santuario, ora rispondeva al giudice, ora supplicava il Padre, ora scherzava con lo Sposo, ora dialogava con l'amico.

Là fu visto, di notte, mentre pregava, con le mani e le braccia stese in forma di croce, sollevato da terra con tutto il corpo e circondato da una nuvoletta rifulgente: così la meravigliosa luminosità e il sollevarsi del corpo diventavano testimonianza della illuminazione e della elevazione avvenuta dentro il suo spirito.

LEZIONE III

Indizi sicuri comprovano, inoltre, che durante queste elevazioni, per virtù soprannaturale, gli venivano rivelate le *cose incerte ed occulte della sapienza divina,* anche se egli non le divulgava all'esterno, se non nella misura in cui urgeva lo zelo della salvezza dei fratelli e dettava l'impulso della rivelazione dall'alto.

La dedizione instancabile alla preghiera, insieme con l'esercizio ininterrotto delle virtù, aveva fatto pervenire l'uomo di Dio a così grande chiarezza di spirito che, pur non avendo acquisito la competenza nelle Sacre Scritture mediante lo studio e l'erudizione umana, tuttavia, irradiato dai fulgori della luce eterna, scrutava la profondità della Scrittura stessa con intelletto limpido e acuto.

Si posò su di lui anche *lo spirito* multiforme dei profeti con tale pienezza e varietà di grazie che, per la potenza mirifica di quello spirito, egli si faceva vedere presente ai suoi frati assenti ed aveva notizia sicura dei lontani.

Penetrava pure i segreti dei cuori, come pure preannunziava gli eventi del futuro.

Lo dimostrano con evidenza molti esempi e noi ne riporteremo qui alcuni.

LEZIONE IV

Una volta quell'Antonio santo, che era allora predicatore egregio ed è ora, invece, luminoso confessore di Cristo, stava predicando ai frati e commentava, con parole dolci come il miele, l'iscrizione posta sopra la croce: *Gesù Nazareno, re dei Giudei.*

Si era durante il capitolo provinciale, tenuto ad Arles. L'uomo di Dio Francesco, che allora si trovava assai lontano, apparve alla porta del capitolo, elevato nell'aria e, benedicendo i frati con le mani stese in forma di croce, ricolmò il loro spirito con tanta varietà di consolazioni da renderli sicuri che quella apparizione meravigliosa era dotata di potenza celeste: era il loro stesso spirito a testimoniarlo, dentro di loro.

D'altronde, siccome il fatto non rimase nascosto al beato padre, palesemente da ciò stesso risulta chiaro quanto il suo spirito fosse aperto alla luce della *Sapienza eterna,* quella *che è più mobile di ogni moto e per la sua purezza penetra e riempie ogni cosa, si trasfonde nelle anime sante e forma gli amici di Dio e i profeti.*

LEZIONE V

Una volta i frati si erano radunati a Capitolo a Santa Maria degli Angeli, secondo l'usanza. Uno di loro, protetto dal mantelletto di qualcuno che lo difendeva, non voleva assoggettarsi alla disciplina. Il Santo, che allora stava segregato in cella a pregare, per fare da intermediario tra i frati e Dio, vide ciò in ispirito, fece chiamare a sé uno di loro e gli disse: «O fratello, ho visto sulla schiena di quel frate disobbediente un diavolo, che gli stringeva il collo: soggiogato da un simile cavaliere, egli seguiva le sue redini e i suoi incitamenti e disprezzava il freno dell'obbedienza. Va, dunque, e dì al frate che senza indugio pieghi il collo sotto la santa obbedienza: così suggerisce di fare anche colui per le cui insistenti preghiere quel demonio si è allontanato sconfitto». Ammonito per ambasciatore, il frate sentì spirito di pentimento e ricevette la luce della verità; si *prostrò con la faccia a terra* davanti al vicario del Santo, si riconobbe colpevole, chiese perdono, accolse e sopportò pazientemente la disciplina e d'allora in poi obbedì umilmente in ogni cosa.

LEZIONE VI

Al tempo in cui egli, sul monte della Verna, se ne restava rinchiuso nella cella, uno dei suoi compagni provava gran desiderio di avere un qualche scritto con le parole del Signore, firmato da lui di propria mano.

Credeva, infatti che con questo mezzo avrebbe potuto eliminare o almeno, di certo, sopportare con minor pena la grave tentazione, da cui era vessato: tentazione non carnale, ma di spirito.

Languiva per tale desiderio ed era interiormente angustiato, perché, umile qual era, riservato e semplice, si lasciava vincere dalla vergogna e non osava confidare la cosa al reverendo Padre. Ma se non lo disse a lui l'uomo, glielo rivelò lo Spirito.

Francesco, infatti, ordinò a quel frate di portargli inchiostro e carta e, scrivendo le lodi del Signore con una benedizione per lui di propria mano, come quello desiderava, gli offrì benignamente quanto aveva scritto – e tutta quella tentazione scomparve definitivamente.

Quello stesso bigliettino, poi, fu tenuto in serbo e, in seguito, apportò a moltissimi la guarigione: così, da questo risulta chiaramente a tutti quale merito abbia avuto davanti a Dio chi lo ha scritto ed ha lasciato in un fogliettino firmato una potenza così grande ed efficace.

LEZIONE VII

In un'altra circostanza, una nobildonna a Dio devota, si recò fiduciosamente dal Santo e lo supplicava con tutte le forze a voler intercedere presso il Signore per suo marito, che era molto cattivo con lei e la faceva soffrire, perché la osteggiava nel servizio di Cristo: che il Signore, con una larga infusione della sua grazia, ne mitigasse la durezza di cuore.

Udito questo, l'uomo santo e pietoso, con santi discorsi la confermò nel bene, l'assicurò che sarebbe venuta presto la consolazione da lei desiderata e, finalmente, le comandò di far sapere al marito, da parte di Dio e sua, che «ora eta tempo di clemenza, poi sarebbe stato tempo di giustizia». Credette la donna alle parole, che il servo del Signore le aveva detto e, ricevuta la benedizione, ritornò in fretta a casa. Incontrato il marito, gli narrò il colloquio avuto, aspettando senza dubitare che si realizzasse la promessa, secondo il suo desiderio.

Non appena quelle parole risonarono alle orecchie di quell'uomo, *cadde* sopra di lui lo *spirito* di grazia e gli intenerì il cuore, tanto che, da allora in poi, lasciò che la devota coniuge servisse liberamente a Dio e si offrì di servire il Signore insieme con lei.

Dietro persuasione della santa moglie, condussero per molti anni vita da celibi e poi, nello stesso giorno, la donna al mattino e l'uomo a vespro tornarono al Signore: sacrificio *mattutino*, la prima; l'altro, sacrificio *vespertino*.

LEZIONE VIII

Nel tempo in cui il servitore del Signore giaceva malato a Rieti, fu colpito da grave infermità un canonico di nome Gedeone, vizioso e mondano.

Lo portarono, steso sul lettuccio, da lui: e lo pregava, insieme con gli astanti, di benedirlo con il segno della croce.

Ed egli a lui: «Siccome un tempo sei vissuto secondo i desideri della carne, senza temere i giudizi di Dio, io ti benedirò con il segno della croce – non per te, ma per le devote preghiere di costoro. Però in questo modo: che fin d'ora io ti faccio sapere con certezza che soffrirai pene più gravi se, quando sarai guarito, ritornerai al vomito».

Fece su di lui il segno della croce, dalla testa ai piedi: scricchiolarono le ossa della sua schiena – e tutti sentirono – come quando si rompe legna secca con le mani. Subito colui che giaceva rattrappito si alzò sano e, prorompendo in lodi a Dio disse: «Sono guarito».

Ma, trascorso un po' di tempo, si dimenticò di Dio e si abbandonò di nuovo all'impudicizia.

Una sera era andato a cena, ospite di un canonico, ed era rimasto la notte a dormire con lui: il tetto della casa improvvisamente precipitò su tutti loro ed uccise lui solo. Tutti gli altri sfuggirono alla morte.

E così avvenne che, simultaneamente, in quell'unico avvenimento si manifestò chiaramente quanto sia severo contro gli ingrati lo zelo della giustizia divina e quanto fosse veritiero e sicuro nel predire eventi dubbi lo spirito di profezia, di cui Francesco era ricolmo.

LEZIONE IX

Dopo il suo ritorno dai paesi d'oltremare, si recò una volta a Celano per predicare.

Un cavaliere lo invitò, con umiltà e devozione e con grande insistenza, a pranzo, e quasi lo costrinse contro sua voglia.

Ma prima che prendessero cibo, l'uomo devoto stava, secondo la sua abitudine, offrendo con la mente preci e lodi a Dio, quando vide in spirito che per quell'uomo ormai era imminente la morte, e il giudizio.

Rapito fuori di sé, rimaneva con gli occhi levati al cielo. Terminata finalmente l'orazione, prese in disparte il buon ospitante e gli predisse che la morte era vicina, lo ammonì a confessarsi e lo stimolò, con tutte le sue forze, al bene.

L'uomo acconsentì subito alle parole del Santo e manifestò al compagno di lui in confessione tutti quanti i peccati: *mise ordine alle cose sue,* si affidò alla misericordia divina e si preparò meglio che poté ad accogliere la morte.

Pertanto: mentre gli altri attendevano a rifocillare il corpo, il cavaliere, che appariva sano e forte, esalò improvvisamente l'anima, secondo la parola dell'uomo di Dio. Certo egli fu portato via da una morte repentina; ma, per lo spirito profetico del Santo, poté premunirsi con le armi della penitenza e così sfuggì alla dannazione eterna ed entrò nei *tabernacoli eterni,* secondo la promessa del Vangelo.

5

OBBEDIENZA DELLE CREATURE E ACCONDISCENDENZA DI DIO

LEZIONE I

Certamente. nel suo servo Francesco. era presente quello *Spirito del Signore che lo aveva unto* e lo stesso *Cristo, potenza e sapienza di Dio:* per la potenza e la grazia di questo spirito non soltanto gli venivano manifestate le *cose incerte ed occulte,* ma anche gli obbedivano le creature di questo mondo.

Ci fu un tempo in cui i medici lo consigliavano e i frati lo esortavano con insistenza ad accettare di lasciarsi curare la malattia degli occhi mediante la cauterizzazione. L'uomo di Dio acconsentì umilmente, persuaso che l'intervento non solo sarebbe stato una medicina contro l'infermità del corpo, ma anche materia per esercitare la virtù.

Poiché la sensibilità della sua carne, alla vista dello strumento di ferro ormai incandescente, era rimasta scossa da un naturale orrore, il Santo prese a parlare al fuoco come a un fratello e gli comandò, nel nome e nella potenza del Creatore, di moderare il suo calore e di bruciare con dolcezza, in modo che lui riuscisse a sopportarlo.

Il ferro crepitante affondò nella tenera carne e il cauterio venne esteso dall'orecchio fino al sopracciglio; eppure l'uomo pieno di Dio, con lo spirito esultante, disse ai frati: «Lodate l'Altissimo, perché, dico la verità, il calore del fuoco non mi ha dato molestia e il dolore della carne non mi ha procurato afflizione».

LEZIONE II

Mentre il servo di Dio era travagliato da una malattia gravissima, presso l'eremo di sant'Urbano, sentendosi venir meno, chiese un bicchiere di vino. Gli fu risposto che vino non ce n'era proprio, da potergliene dare.

Allora comandò di portargli dell'acqua e, quando gli fu portata, la benedisse, tracciando il segno della croce. Subito diventa vino ottimo quella ch'era stata acqua pura: ciò che la povertà del luogo non poteva dare, lo impetrò la purità del Santo.

Al gustar di quel vino, subito si ristabilì con estrema facilità. E così fu chiaro ed evidente che il generoso Datore gli aveva concesso la bevanda desiderata, non perché valevole per il sapore, ma perché valida per la salute.

LEZIONE III

Un'altra volta l'uomo di Dio si era voluto trasferire in un certo eremo, dove avrebbe potuto dedicarsi più liberamente alla contemplazione.

Siccome era debole, veniva condotto da un poveruomo sul suo asinello.

Era d'estate e quell'uomo, scortando il servitore di Dio su per le montagne, spossato dal camminare e dalla strada assai difficoltosa, molto dura e molto lunga, si sentì venir meno per la gran sete e si mise a gridare con veemenza e a dire che, se non beveva un po', avrebbe tirato subito l'ultimo respiro.

Senza indugio l'uomo di Dio saltò giù dall'asinello e, inginocchiatosi per terra, alzò le mani al cielo, e non smise di pregare finché comprese di essere stato esaudito.

Terminata, finalmente, l'orazione: «Va in fretta – disse all'uomo – vicino alla roccia e là troverai l'acqua viva: in questo momento Cristo misericordiosamente l'ha fatta scaturire dalla pietra, per farla bere a te».

L'uomo, assetato, corse al luogo indicato e bevve l'acqua fatta scaturire dalla pietra, per la virtù di quell'orante, e attinse la bevanda che Dio gli aveva somministrato *dal sasso durissimo.*

LEZIONE IV

Una volta il servitore del Signore stava predicando in riva al mare, a Gaeta. Volendo sottrarsi alla calca della folla che per devozione si riversava su di lui, saltò su da solo su una barca, che si trovava presso il lido. E quella, come fosse pilotata dalla forza di una misteriosa spinta interiore, senza alcun rematore si allontanò un bel pezzo da terra, sotto lo sguardo ammirato di tutti i presenti.

Addentratasi per un po' nel mare, restò poi immobile in mezzo alle onde, per tutto il tempo che all'uomo di Dio piacque di predicare alle turbe in attesa sul lido.

Ascoltato il discorso e visto il miracolo, la moltitudine, dietro preghiera del Santo stesso, si stava allontanando, dopo aver ricevuta la benedizione: e allora, non per altra spinta che per quella di un comando celeste, la barca venne a riva: così la creatura, *per servire al suo Fattore,* si assoggettava senza ribellione e obbediva senza indugio a colui che era un adoratore perfetto del Creatore.

LEZIONE V

Una volta egli si trovava nell'eremo di Greccio.

Gli abitanti del luogo erano oppressi da molti malanni: ogni anno una tempesta di grandine devastava i raccolti e le vigne e una moltitudine di lupi rapaci sterminava non soltanto gli animali, ma anche gli uomini.

Il servitore del Signore onnipotente, che provava una benevola compassione per quegli uomini così fortemente afflitti, durante una predica promise loro pubblicamente, facendosene personalmente garante, che tutta quella calamità sarebbe scomparsa, se essi si fossero confessati e avessero voluto *fare degni frutti di penitenza.*

Poiché quelli, alla sua esortazione, avevano fatto penitenza, da quel momento cessarono le stragi, si dispersero i pericoli, lupi O grandine non recarono più danno. Anzi, cosa ancor più notevole, se qualche volta la grandine cadeva sui seminati dei confinanti, quando si appressava ai terreni di costoro restava circoscritta sul posto stesso o si dirigeva da un'altra parte.

LEZIONE VI

Un'altra volta l'uomo di Dio, mentre si aggirava per la valle Spoletana a scopo di predicazione, giunse, vicino a Bevagna, in Un luogo dove si era dato convegno una grandissima quantità di uccelli di vario genere. Mentre stava ad osservarli con occhio pio, fu *investito dallo Spirito del Signore;* corse veloce verso quel luogo, li salutò vivacemente e impose loro silenzio, perché potessero ascoltare con attenzione la parola di Dio.

Intanto che egli parlava loro e portava molti argomenti per dimostrare i benefici che Dio ha fatto alle creature e le lodi che essi dovevano tributargli, gli uccelli, dimenandosi in mirabil modo, si misero ad allungare il collo, a stendere le ali, ad aprire il becco e a fissarlo con attenzione, come se si sforzassero di sentire quei suoi discorsi così ammirevoli ed efficaci.

Era davvero giusto che l'uomo pieno di Dio si sentisse attratto da un sentimento di pietà e d'umanità verso tali creature prive di ragione, mentre esse, a loro volta, in un modo così meraviglioso si sentivano attratte verso di lui e stavano attente quando le istruiva, obbedivano quando comandava; si rifugiavano da lui con sicurezza, ed egli le accoglieva; senza difficoltà rimanevano con lui, ed egli le teneva con sé.

LEZIONE VII

Nel tempo in cui egli, per conseguire la palma del martirio, aveva cercato di andare nei paesi d'oltremare, senza per altro riuscirvi, perché impedito dalle tempeste del mare, il Timoniere di tutte le cose lo assisté con la sua Provvidenza e si degnò di strappare lui e molti altri con lui dal pericolo di morte, dispiegando in suo favore *le meraviglie della sua Potenza nelle profondità del mare.*

Volendo ritornare dalla Schiavonia in Italia, egli salì su una nave, totalmente sprovvisto di mezzi per pagare. E, proprio mentre egli saliva vi fu un uomo *mandato da Dio* in aiuto di quest'uomo poverello: costui non solo portò con sé le provviste necessarie, ma fece venire dalla nave una persona timorata di Dio e gliele consegnò, perché a tempo opportuno le servisse a coloro che non avevano proprio niente.

Se non che, per la violenza dei venti, i marinai non riuscivano a sbarcare in nessun posto e, perciò, tutte le loro provviste di cibo si esaurirono: rimase soltanto una piccola porzione dell'elemosina donata dal cielo all'uomo beato. Quella porzione, per le sue preghiere e i suoi meriti e per l'intervento della Potenza celeste, crebbe talmente che soddisfece appieno alle necessità di tutti, durante i molti giorni di continua burrasca, finché giunsero al porto desiderato, cioè ad Ancona.

LEZIONE VIII

Un'altra volta, mentre quest'uomo di Dio era in viaggio con un compagno, a scopo di predicazione, fra la Lombardia e la Marca Trevigiana, fu sorpreso dal buio e dalle tenebre della notte nei pressi di Padova. Siccome la strada era esposta a molti e gravi pericoli, a causa del fiume, delle paludi e delle tenebre, il compagno insisteva con l'uomo di Dio, perché in una necessita così grande, implorasse l'aiuto di Dio. Ed egli rispose con molta fiducia: «Dio può bene se piace alla sua cortesia, scacciare il buio e le tenebre e illuminarci con la sua luce benefica».

Meraviglia davvero: aveva appena finito di parlare, ed ecco: per l'onnipotenza celeste una grande luce incominciò a risplendere attorno a loro, tanto che, mentre altrove persisteva l'oscurità della notte, essi vedevano distintamente non soltanto la strada, ma anche molte cose tutt'intorno, dall'altra parte del fiume.

LEZIONE IX

Era davvero giusto che, in mezzo alle tenebre dense della notte, lo precedesse la chiarità celeste: così, il fatto stesso ci manifesta che non possono essere avviluppati dal *buio della morte* quanti seguono con retto sentiero la luce della vita.

Guidati nel corpo dallo splendore meraviglioso di tale luce e confortati nello spirito, fecero un lungo tratto di strada cantando e lodando Dio, finché giunsero all'ospizio. O uomo veramente luminosissimo e ammirabile!, davanti al quale il fuoco modera il calore, l'acqua cambia sapore, la pietra somministra bevanda abbondante, gli esseri inanimati si mettono a servire, gli animali selvatici diventano mansueti e gli esseri privi di ragione si mostrano solleciti di capire; perfino il Signore di tutte le cose si piega ad obbedire, per sua benignità, accogliendone i desideri: prepara con liberalità il cibo, offre la sua luce chiara come guida. Veramente, in questo modo, a lui, come ad uomo d'esimia santità, tutte le creature si piegano a servire e lo stesso Creatore di tutti si fa accondiscendente.

6

LE SACRE STIMMATE

LEZIONE I

Il servitore e ministro veramente fedele di Cristo, Francesco, due anni prima di rendere lo spirito al cielo, incominciò un digiuno di quaranta giorni ad onore dell'arcangelo Michele, *nel segreto di un luogo eccelso.*

Inondato dall'alto dalla dolcezza celeste della contemplazione con maggior abbondanza del solito e acceso da una più ardente fiamma di celesti desideri, incominciò a sentire con maggior profusione i doni delle divine elargizioni.

L'ardore serafico del desiderio, dunque, lo sopraelevava in Dio e un tenero sentimento di compassione lo trasformava in colui, al quale piacque, per eccesso di carità, di essere crocifisso. Un mattino, all'appressarsi della festa dell'Esaltazione della santa Croce, mentre pregava sul fianco del monte, vide come la figura di un serafino, con sei ali tanto luminose quanto infocate, discendere dalle sublimità dei cieli: esso, con rapidissimo volo, giunse, tenendosi librato nella aria, vicino all'uomo di Dio, e allora apparve non soltanto alato, ma anche crocifisso. Aveva le mani e i piedi stesi e confitti sulla croce e le ali disposte, da una parte e dall'altra, in così meravigliosa maniera, che due ne drizzava sopra il capo, due le stendeva per volare e con le due rimanenti avvolgeva e velava tutto il corpo.

LEZIONE II

Ciò vedendo, stupì fortemente e sentì riversarsi nella anima gaudio e dolore: provava in sé un eccesso di letizia all'aspetto cortese di Cristo che gli si mostrava in forma così meravigliosa e pur così familiare, ma la cruda visione dell'affissione alla croce trapassava la sua anima con la spada dolorosa della compassione.

Ammaestrato interiormente da colui che gli si mostrava anche esteriormente, comprese che, certo, l'infermità della passione non si addice in alcuna maniera alla natura immortale e spirituale del serafino; ma che, tuttavia, tale visione era stata offerta ai suoi sguardi per questo scopo: fargli conoscere anticipatamente che lui, l'amico di Cristo, stava per essere trasformato tutto nel ritratto visibile di Cristo Gesù crocifisso, non mediante il martirio della carne, ma mediante l'incendio dello spirito.

La visione, che scomparve dopo un colloquio arcano e familiare, lo infiammò di ardore serafico nell'interno dell'anima e impresse, all'esterno, come un sigillo, sulla sua carne l'immagine perfettamente somigliante del Crocifisso: come se la potenza divina prima l'avesse fatto liquefare e poi vi avesse stampato il suo sigillo.

LEZIONE III

Subito, nelle sue mani e nei piedi incominciarono ad apparire i segni dei chiodi: le loro capocchie si vedevano nella parte interna delle mani e nella parte superiore dei piedi e le punte emergevano dalla parte opposta.

E le capocchie dei chiodi, nelle mani e nei piedi, erano rotonde e nere, mentre le punte erano allungate, piegate all'indietro e ribattute, ed uscivano dalla carne stessa, sporgendo sopra il resto della carne.

La ribattitura dei chiodi, sotto i piedi, era così prominente e sporgeva tanto all'infuori, che non permetteva di appoggiare liberamente la pianta del piede al suolo.

Inoltre si poteva facilmente far passare un dito dentro l'incurvatura arcuata delle punte stesse, come ho sentito dire io stesso da coloro che avevano osservato con i propri occhi.

Il fianco destro, poi, era come trafitto da una lancia ed era ricoperto da una cicatrice rossa, che spesso emetteva sacro sangue e cospargeva abbondantemente la tonaca e le mutande. Tanto che quando poi i suoi compagni, a tempo opportuno, le lavavano, potevano costatate senza alcun dubbio che il servitore di Cristo portava impressa visibilmente l'immagine rassomigliante del Crocifisso anche nel costato, così come nelle mani e nei piedi.

LEZIONE IV

Vedeva, *l'uomo pieno di Dio,* che le stimmate impresse così palesemente nella carne non potevano restare nascoste ai compagni più intimi; temeva, non di meno, di mettere in pubblico il sacramento del Signore ed era combattuto da un grande dubbio: se dire quanto aveva visto oppure tacere. Spinto, finalmente, dallo stimolo della coscienza, riferì ad alcuni tra i frati a lui più familiari, con molto timore, lo svolgimento della visione che abbiamo raccontato. Colui che gli era apparso – aggiunse – gli aveva detto alcune cose che egli non avrebbe mai svelato a nessuno, finché era in vita.

Dopo che il verace amore di Cristo ebbe trasformato l'Amante *nell'"' immagine perfetta dell'Amato*, si compì il numero dei quaranta giorni, che egli aveva stabilito di trascorrere su quel monte di solitudine e sopravvenne anche la solennità dell'arcangelo Michele. L'uomo angelico, Francesco, scese dal monte: e portava con sé l'effigie del Crocifisso, non raffigurata su tavole di pietra o di legno dalla mano di un artefice, ma scritta nelle membra della carne dal dito del Dio vivo.

LEZIONE V

L'uomo santo e umile si sforzava con ogni diligenza di nascondere quei sacri sigilli; piacque, tuttavia, al Signore, a propria gloria, di mostrare per mezzo di essi alcune evidenti meraviglie, affinché la potenza occulta di essi si rivelasse palesemente per chiari segni ed egli risplendesse come astro fulgentissimo fra le dense tenebre del secolo oscuro.

Per esempio, nel territorio intorno al predetto monte della Verna, prima che il Santo vi avesse soggiornato, di solito una violenta tempesta, provocata da una nube fosca che si alzava dalla montagna stessa, distruggeva i raccolti. Ma dopo quella beata apparizione, non senza ammirazione e gioia degli abitanti, la grandine consueta scomparve: anche l'aspetto stesso del cielo, divenuto sereno in maniera inusitata, dichiarava così l'eccellenza di quella visione celeste e la potenza delle stimmate, che proprio là erano state impresse.

LEZIONE VI

Sempre in quel periodo, infierì nella provincia di Rieti una epidemia molto grave e incominciò a colpire con tale violenza ovini e bovini, che sembravano quasi tutti destinati a morte irrimediabilmente. Però un uomo timorato di Dio, una notte, si sentì esortare per mezzo di una visione a recarsi in fretta nel romitorio dei frati, dove allora il beato padre dimorava, e a chiedere ai frati suoi compagni l'acqua con la quale egli aveva lavato le mani e i piedi: doveva spruzzarla sugli animali colpiti – e così tutta quella epidemia sarebbe cessata.

Quell'uomo eseguì tutto questo con premura e Dio conferì all'acqua, che aveva toccato le sacre piaghe, tanta potenza, che, aspersa anche in piccola quantità sui greggi ammalati, debellava totalmente il contagio, e gli animali, ricuperato il vigore primitivo, correvano al pascolo, come se prima non avessero provato proprio nessun malanno.

LEZIONE VII

Insomma, da allora quelle mani acquistarono tale potenza che, con il loro contatto serafico, restituivano la salute agli infermi, sensibilità e vita alle membra ormai paralizzate e inaridite e, cosa maggiore di tutte, la vita e l'integrità agli uomini mortalmente feriti.

Ricordo due dei suoi molti prodigi, anticipando e insieme abbreviando alcune circostanze. Ad Ilerda, un uomo di nome Giovanni, devoto di san Francesco, una sera fu massacrato con ferite così orrende da far credere che a stento sarebbe sopravvissuto fino all'indomani. Ma gli apparve, in modo meraviglioso, il padre santissimo; toccò quelle ferite con le sacre mani e sull'istante lo rese perfettamente sano ed integro: tutta quella regione proclamò che l'ammirabile alfiere della Croce era degnissimo di ogni venerazione.

Chi, infatti, potrebbe, senza stupirsi, vedere una persona, che conosce bene, straziata da ferite crudelissime e, quasi nel medesimo istante, sana e salva? Chi ripensare a questo, senza elevare ringraziamenti? Chi, infine, potrebbe esaminare con spirito di fede un miracolo così pietoso, potente e luminoso, senza provare devozione?

LEZIONE VIII

A Potenza, città della Puglia, un chierico di nome Ruggero, siccome nutriva «pensieri vani» a proposito delle sacre stimmate del beato padre, improvvisamente si sentì colpito nella mano sinistra, sotto il guanto: pareva un colpo di freccia scagliata da una balestra. Eppure il guanto era rimasto perfettamente intatto.

Per tre giorni fu tormentato dal dolore, forte e trafiggente.

Ormai pentito nel cuore, invocava il beato e scongiurava Francesco che lo soccorresse in nome di quelle stimmate gloriose: ottenne un risanamento così perfetto che ogni dolore scomparve e non rimase assolutamente segno alcuno del colpo subito.

Da questo appare luminosamente come quei sacri sigilli furono impressi dalla «potenza» e sono dotati della virtù di Colui che può procurare le piaghe, apprestare il rimedio, colpire gli ostinati e *risanare i contriti di cuore.*

LEZIONE IX

Davvero era giusto che quest'uomo beato apparisse insignito di questo privilegio singolare, giacché tutta la sua opera, pubblica e privata, aveva di mira la croce del Signore.

Anche quella meravigliosa dolcezza, mansuetudine ed austerità di vita; quell'umiltà profonda, quell'obbedienza pronta, quella povertà esimia, quella castità illibata, quella amara contrizione di cuore, quel profluvio di lacrime, quella pietà appassionata, quello zelo ardente, quel desiderio di martirio, quell'eccesso di carità; insomma, quel patrimonio così vario di virtù cristiformi, che altro mostra in lui, se non un progressivo assimilarsi a Cristo e, per così dire, un predisporsi alle sue sacre stimmate?

Per questa ragione, come tutta la sua vita, dalla conversione in poi, era stata abbellita dai misteri luminosi della Croce, cosi, alla fine, alla vista del Serafino sublime e dell'umile Crocifisso, egli fu tutto trasformato nell'immagine di colui che gli era apparso, mediante la forza di un fuoco deiformante.

Così hanno testimoniato coloro *che hanno veduto* e *hanno toccato con mano* e hanno baciato: essi, giurando sul Vangelo, che così era stato e così avevano visto, ci hanno confermato in una più ricca certezza.

7

IL TRANSITO

LEZIONE I

L'uomo di Dio ormai era *confitto con Cristo sulla croce*, con la carne e con lo spirito, e perciò non solo veniva elevato in Dio dall'incendio dell'amore serafico, ma si sentiva anche trafitto dal fervore dello zelo per le anime, e insieme con il suo crocifisso Signore sentiva la sete di salvare tutti quelli che si devono salvare.

E, siccome non poteva camminare a causa dei chiodi sporgenti sui piedi, faceva portare attorno per città e paesi quel suo corpo mezzo morto. Così, quale secondo *Angelo che sale dal luogo dove sorge il sole*, egli voleva infiammare il cuore dei servi di Dio con una divina *fiamma di fuoco: dirigerli sulla via della pace e segnare col sigillo del Dio vivo la loro fronte*. Ardeva anche d'un gran desiderio di ritornare a quella sua umiltà degli inizi, per servire, come da principio, ai lebbrosi e per richiamare al primitivo servizio il corpo ormai consumato dalla fatica.

LEZIONE II

Si proponeva di fare grandi imprese, con Cristo come condottiero, e, mentre le membra si sfasciavano, forte e fervido nello spirito, sognava di rinnovare il combattimento e di trionfare sul nemico.

Ma, certo perché crescesse il cumulo dei suoi meriti per quella *pazienza* perfetta *che porta veramente tutti i meriti a compimento,* il piccolino di Cristo incominciò ad essere colpito da varie malattie. Erano così gravi che in ognuna delle membra eran diffuse sofferenze e dolori, la carne era ormai consumata e sulle ossa ormai rimaneva soltanto la pelle.

Pressato dalle aspre sofferenze del corpo, quelle penose angosce non le chiamava pene, ma sorelle sue e, nella lieta sopportazione delle stesse, innalzava al Signore grandi lodi e ringraziamenti: ai frati che lo assistevano sembrava quasi di avere sotto gli occhi un altro Paolo, a causa di quel *gloriarsi* gioioso ed umile *nelle infermità,* e di vedere un altro Giobbe, a causa di quella vigoria e imperturbabilità d'animo.

LEZIONE III

Egli, del resto, aveva conosciuto molto tempo prima il momento del suo transito. Quando il giorno della morte fu imminente, disse ai frati che presto doveva *deporre il tabernacolo del proprio corpo,* come gli era stato mostrato da Cristo.

Erano passati due anni dall'impressione delle stimmate e vent'anni dalla sua conversione. Egli chiese che lo portassero a Santa Maria della Porziuncola: voleva pagare il suo debito alla morte e avviarsi al *premio della ricompensa eterna,* proprio là dove, ad opera della Vergine Madre di Dio, aveva concepito lo spirito di perfezione e di grazia. Condotto al luogo predetto, per mostrare con l'autenticità dell'esempio che nulla egli aveva in comune col mondo, durante quella malattia che mise fine a ogni infermità, si pose tutto nudo sulla terra: voleva, in quell'ora estrema, lottare nudo con il nemico nudo.

Giacendo, così denudato, nella polvere della terra, l'atleta di Cristo con la mano sinistra ricoprì la ferita del fianco destro, che non si vedesse, e, levata al cielo, secondo il suo solito, la serena faccia, tutto teso a quella gloria, incominciò a magnificare l'Altissimo, perché – sciolto da tutto – liberamente ormai stava per passare a Lui.

LEZIONE IV

Finalmente, quando sovrastava ormai l'ora del suo trapasso, fece venire a sé tutti i frati che dimoravano nel luogo e, consolandoli della sua morte con parole carezzevoli, li esortò con affetto paterno all'amore di Dio.

Inoltre lasciò loro in testamento, per diritto di successione, il possedimento della povertà e della pace e li ammonì premurosamente a tenersi fissi alle realtà eterne e a premunirsi contro i pericoli di questo mondo; li indusse, con le parole più efficaci che poté, a seguire perfettamente le orme di Gesù crocifisso.

E mentre i figli stavano tutt'intorno a lui, il patriarca dei poveri, *con gli occhi ormai offuscati,* non per la *vecchiaia* ma per le lacrime, l'uomo santo, quasi cieco e ormai prossimo a morire, incrociò le braccia e stese su di loro le mani in forma di croce (aveva sempre amato questo gesto) e benedisse tutti i frati, presenti e assenti, nella potenza e nel nome del Crocifisso.

LEZIONE V

Chiese, poi, che gli venisse letto il Vangelo secondo Giovanni, a incominciare dal versetto: *Prima del giorno della Pasqua:* voleva sentire in esso la *voce del Diletto che bussava,* dal quale lo divideva ormai soltanto la parete della carne. Finalmente, siccome si erano compiuti in lui tutti i misteri, pregando e salmeggiando l'uomo beato *s'addormentò nel Signore.* E quell'anima santissima, sciolta dalla carne, venne sommersa nell'abisso della chiarità eterna.

In quello stesso momento uno dei suoi frati e discepoli veramente famoso per la sua santità, vide quell'anima beata salire direttamente in cielo: aveva la forma di una stella fulgentissima, e una nuvoletta candida la sollevava al di sopra di molte acque: quell'anima, fulgida per il candore della coscienza e risplendente di meriti, veniva portata in alto dalla sovrabbondanza della grazia e delle virtù deiformi; perciò non si poteva, per lei, neppure un poco, ritardare la visione della luce celeste e della gloria.

LEZIONE VI

Così pure: l'allora ministro dei frati nella Terra di Lavoro, che si chiamava Agostino, uomo caro a Dio, si trovava in punto di morte. Pur avendo perso ormai da tempo la parola, improvvisamente esclamò, in modo che tutti i presenti lo sentirono: «Aspettami, Padre, aspetta! Ecco: sto già venendo con te!».

Siccome i frati chiedevano, stupiti, a chi stava parlando in quella maniera, egli affermò di vedere il beato Francesco che stava andando in cielo; e subito, detto questo, anche lui felicemente spirò.

Nella medesima circostanza, il vescovo d'Assisi si trovava al santuario di San Michele sul monte Gargano: il beato Francesco gli apparve, tutto lieto, nel momento del suo transito e gli disse che stava lasciando il mondo per passare gioiosamente in cielo. Al mattino, il vescovo, alzatosi, raccontò ai compagni quanto aveva visto e, ritornato ad Assisi indagò sollecitamente e riscontrò con certezza che il beato Padre era uscito da questa vita nel momento in cui glielo aveva notificato per visione.

LEZIONE VII

L'immensa bontà del cielo si è degnata, poi, di mostrare con molti prodigi e miracoli, anche dopo la sua morte, quanto sia stata eccelsa la santità di quest'uomo preclaro.

Per l'invocazione di lui e per i suoi meriti, la onnipotente virtù di Dio restituì la vista ai ciechi, l'udito ai sordi, la parola ai muti, la giusta andatura agli zoppi, la sensibilità e il moto ai paralitici; inoltre ridonò la piena efficienza fisica alle membra paralizzate, rattrappite e rotte; potentemente sottrasse dal carcere i rinchiusi, ai naufraghi concesse il porto della salvezza, un parto felice alle gestanti in pericolo, e cacciò i demoni dal corpo degli ossessi, finalmente restituì a mondezza e salute chi era afflitto da perdite di sangue e da lebbra, integrità perfetta a chi era stato mortalmente ferito e, cosa maggiore di tutte, i morti alla vita.

LEZIONE VIII

Continuano, per opera sua, in grande abbondanza, nelle varie parti del mondo, i benefici di Dio, come ho provato anch'io, che ho descritto i fatti antecedenti, per esperienza diretta, in me stesso.

Mia madre, infatti, quando io ero ancora fanciullino, fece voto per me a san Francesco, perché ero malato molto gravemente: ed io fui strappato dalle fauci stesse della morte e restituito, sano e salvo, nel vigore della vita.

Siccome ho ben vivo questo fatto nella memoria, ora lo proclamo e ne do testimonianza veritiera: non voglio essere rimproverato come ingrato, se taccio un beneficio così grande.

Accetta, dunque, o padre beato, il mio ringraziamento, per quanto scarno e inadeguato ai tuoi meriti e ai tuoi benefici, e, accogliendo i nostri desideri, scusa le nostre colpe; libera i tuoi fedeli devoti dai mali presenti e fa che raggiungano i beni sempiterni.

LEZIONE IX

Concludiamo il discorso con una specie di ricapitolazione sommaria.

Chiunque ha letto fino in fondo le pagine precedenti, rifletta su questa considerazione conclusiva: la conversione avvenuta in modo ammirabile, l'efficacia nel proclamare la Parola di Dio, il privilegio delle virtù sublimi, lo spirito di profezia unito alla penetrazione delle Scritture, l'obbedienza da parte delle creature prive di ragione, l'impressione delle sacre stimmate e il celebre transito da questo mondo al cielo, sono, in Francesco, sette luminose testimonianze che dimostrano e garantiscono a tutto il mondo che egli, preclaro araldo di Cristo, *porta in se stesso il sigillo del Dio vivente* e, perciò, è degno di venerazione per la missione ricevuta, ci propone una dottrina autentica, è ammirevole nella santità.

Con sicurezza, dunque, seguano Lui coloro che *escono dall'Egitto:* le acque *del mare verranno divise* dal bastone della croce di Cristo; *essi passeranno il deserto* e, *attraversato il Giordano* della vita mortale, per la meravigliosa potenza della Croce stessa, entreranno *nella terra promessa dei viventi.*

Là, per i buoni uffici del beato padre, ci introduca Gesù, inclito salvatore e nostra guida.

A Lui, in Trinità perfetta con il Padre e con lo Spirito Santo, ogni lode, *onore e gloria nei secoli dei secoli. Amen.*

FINE DELLA VITA BREVE
DEL BEATO FRANCESCO

Cover Design : Canva.com, FVE
Ebook ISBN : 979-10-299-1208-5
Paperback ISBN : 979-10-299-1209-2
Hardcover ISBN : 979-10-299-1210-8

~

www.ingramcontent.com/pod-product-compliance
Lightning Source LLC
LaVergne TN
LVHW101132250826
846485LV00001B/17

* 9 7 9 1 0 2 9 9 1 2 1 0 8 *